入社5年目から差がつく

「優秀社員」の法則

高城幸司
Koji Takagi

日本経済新聞出版社

はじめに

優秀なプレイヤーの定義は、高潔な人格でエネルギーに満ちていること。さらに、周囲のやる気を高められること。イエスとノーが明確なこと。実行力があること――。

こう語ったのは、米ゼネラル・エレクトリック（GE）社の元CEOで、「伝説の経営者」として名高いジャック・ウェルチ氏でした。たしかにこれらの条件を備えているビジネスパーソンは、「優秀」と呼ばれるにふさわしい能力を持つ方々でしょう。

ただ、周囲を見渡すと、当てはまるようでそうとは見えない人が「優秀」と呼ばれていたりはしないでしょうか？　そのためか、「社内で優秀と呼ばれていても、社外では通用しないからね」と、「優秀」の評判や評価について、否定的な発言をする人もいます。

さて、皆さんの社内で評価が高い優秀な人はいますか？
そして、あなたは優秀な人になりたい（あるいは、優秀であり続けたい）と思いますか？

頑張って働いているのに、社内での評価が不当に低いと感じている方、あるいは「あいつはあんなに仕事ができないのに、なぜ優秀と評価されているのか」と疑問を持ち、憤慨している方。その背景には、「優秀さ」がどのようなものかに対する大きな誤解があるかもしれません。

また、自分は社内で「優秀」と評価されているという自負があり、社内でさまざまな「特典」（これについても、本書でくわしく説明します）を享受できている方。その評価はあなたが思っている以上に脆《もろ》く、その地位に安住したり、ひとたび「NG行動」を起こせば、簡単に剥奪《はくだつ》され得るものです。

社内で優秀と呼ばれる人になることには、大いに意義があります。ただし、その優秀さには「賞味期限」があり、継続には大いなる努力が必要と私は考えます。

本書では、社内における「優秀」という評価の実態はいったい何なのか、そして優秀な社員になることの意味と、優秀であり続けるためにすべきことは何なのかを、紹介していきたいと思います。

本文の所々には、米GE社に新卒で入社し、その「優秀さ」から同社のCEOへと上りつめたジャック・ウェルチ氏の言葉をちりばめています。

組織で働く多くの皆さまの参考にしていただき、明日以降への活力にしていただけると、著者としては幸いです。

入社５年目から差がつく
「優秀社員」の法則

CONTENTS

はじめに

CHAPTER 1

〝社内有名人〟はこうして生まれる・15

CHAPTER 2

あなたの評価を左右する14の特性 ・ 37

CHAPTER 3

「優秀社員」に必要な、13のスキル

CHAPTER 6

優秀社員になる意味とは・169

CHAPTER 1

〝社内有名人〟はこうして生まれる

あなたの会社には、〝社内有名人〟が存在しますか？

「あなたの会社に『優秀』と呼ばれる有名な社員はいますか？」

こう聞くと、たいていの人はイエスと答えます。なぜ「優秀」と言われるのか、その理由はひとまず置いておくとして、「優秀な社員」として名前の挙がる有名人が必ず出てきます。

もちろん、社内に「有名人」がいない会社もゼロではありません。たとえば、従業員が数人しかいない会社や、逆に数万人規模の従業員を抱える会社において、「御社の有名人は誰ですか？」と聞いても、「ずばり、この人です」とはなかなか出てこない。

しかし、多くの会社では、世代や部署、営業所といった大きなくくりの中で、**漠然とではありますが他人と比較され、頭ひとつ抜けている人**が浮き彫りになります。皆の前で公《おおやけ》にたたえられたわけではないのに、入社して数年経つと「あの代なら佐藤だよね」といった具合に、レピュテーション（評判）が上がってくる人がいるのです。

人事評価をするうえでも、当然のことながら「20代前半の中で一番『優秀』なのは鈴木です」「エンジニアリングでは、ダントツで田中でしょう」「大阪営業所でいえば清水じゃない？」「若手で一番注目のホープは木村だな」といった話になります。

このように、ある程度大きなくくりの中で、「○○といえば」という話になったときに、名前が挙がる人は必ず1人や2人いることは、皆さんも経験的におわかりのことでしょう。

それがいわゆる「社内有名人」です。

どの会社にも必ずいる「優秀キャラ」の社員

とはいえ、会社が意図的に「部門を越えて名の知られる有名人をつくろう」としているケースはあまりありません。優秀な社員を大々的に表彰して社内に知らしめることもありますが、ほとんどの会社では各部門で何が行われていて、その中で誰が「優秀」なのかはわからない。にもかかわらず、**部門を越えて有名な社員が出てくるのはなぜなのでしょうか。**

人間が集団を構成する際、「2：6：2の法則（働きアリの法則）」が働くとよく言われます。アリの世界では、どんな集団であれ、常に2割が「よく働くアリ」、6割が「普通に働くアリ」、残りの2割は「怠け者」に、自然となってしまうというものです。

会社も同様。どんな会社であれ、能力が高い人が2割、普通が6割、どちらかというと仕事ができない人が2割、という配分ができてしまうものです。

Welch's word

部下が10人いたら1人は必ず優秀で、1人は必ず切り捨てる

社員同士の対話の中で、ある人の名前が出てきたとします。「あいつ、また失敗しちゃったんだよね」と、「ダメな奴」として名前が出る場合もありますし、「彼がこんなことを言っていたよ」と何気なく名前が挙がる場合も。このように、誰かの名前が話題に出るときには、その人物に対して通常なんらかのキャラクター性が付与されて

いるものです。うっかり者だったり、ダメ男だったり、なんでもない普通の人だったり。

これが「優秀な社員」になると、「あいつとは同期だけど、やっぱかなわないよ……。」普通ならあそこまでできないよな」といった登場の仕方をします。働きアリの法則による「能力が高い」2割の中でも、とりわけ**「優秀な社員」とキャラクター化されて登場する人**が、社内にほんの一握りではありますが、必ずいるのです。

部門を越えた有名人はどう生まれるのか？

では、その「優秀な社員」が社内でどのように知れ渡っていくのか。そこにはやはり、**口コミの力**が大きく関与していると言えます。周りの人間が「あいつは優秀だ」と言い、その言葉が部署の垣根を越えて、口伝えで広がっていくのです。

口コミといえばまずインターネットが思い浮かびますし、現代は「ネット時代」と言われて久しいですが、実はいろいろな場面において、対面でのコミュニケーションが大きな役割を果たしています。

部門を越えたコミュニケーションがなされている典型的な場所のひとつが、「喫煙所」です。会社の喫煙ルームには、社内の喫煙者が部門を越えて集い、リラックスしたムードの中で何気ない会話が交わされています。

タバコを吸うのはせいぜい3分、長くて5分。その数分の間に出る、ちょっとした世間話に、実はとても意味があるのです。情報発信のきっかけが、こうしたリラックスの場であるケースは多々あります。

余談ですが、社内婚の出会いのきっかけが喫煙所だったという話も私はよく耳にします。それはやはり、お互いがリラックスした素の状態で会話を交わしていることが関係しているのではないでしょうか。

部署を越えてコミュニケーションがとれるリラックスの場といえば、自動販売機設置スペースや給湯室なども同様です。また、ランチタイムや、社内の部門をまたいだ大きなプロジェクトの打ち上げの場といった、くだけた場面での社員同士の交流によって、「優秀な社員」の噂が都市伝説のように広がることもあります。いずれにせよ、**「優秀な社員」という評価は、社内で口コミや噂レベルで広まっていくのです。**

つまり、**「優秀」と言われている人のことを、他部署の人間が本当によく知っているケースは、実はごく稀にしかありません。**大半は、「優秀なんだろうな」というイメージをなんとなく持っているに過ぎないのです。

ほとんどの人が、周りの「優秀」という言葉に乗せられてしまっている。「優秀」と言われる人は、いい意味でレッテルを貼られているわけです。「優秀」という印象（人事の世界では「後光」とか「オーラ」とも言います）がその人に染みついていて、他部署の人間からは無条件で「優秀」と思われてしまうのです。

さらに、「優秀」というプラスの色眼鏡があると、実際にその人と接した際、たとえばメールの対応が迅速だったり、会議での発言がたまたま冴えていたり、あるいはあいさつが元気よく爽やかだったといったささいな行動ひとつで「やっぱりあの人は優秀だ」となります。いわゆる「ハロー効果（ある対象を評価する際、顕著な特徴に引きずられてほかの特徴についての評価が主にポジティブに歪められる現象）」によって、「優秀さ」がさらに上書きされるのです。

ネットがこれだけ普及した時代ではありますが、会社という場においては、人の噂話が対面での口コミによって広がる要素はまだ十分にあります。もちろんメールやL

INE、SNSで伝わることもありますが、人の噂話に関しては、やはり記録を残したくないという心情が働くもの。結果として、口コミが主になるのだと思われます。

「優秀」認定には、成果の可視化が必須

では、そもそも会社では、どういう人が「優秀」と言われるのでしょうか。

優秀と呼ばれる人を見てみると、大半は話題になる仕事をしていること、あるいは、傍《はた》から見たときに頭ひとつ抜けた成果を出していることが「優秀さ」の前提となっている場合が多いです。もちろん、「こつこつと同じことを20年間くり返しやってきました」という人がまったくいないとは言いませんが、多くは前者のようなタイプです。

そして大事なのは、**いい仕事をしたことが本人の言葉できちんと語られ、その仕事によって周りに影響力を持っている**ということです。

仕事の内容を社内で発表していたり、自分のやった仕事を形に落として、社内で共有する。そういった部分が見えてこないと、周りも「あいつはいい仕事をしているら

しいけれど、実際のところはよくわからないよね……」となってしまいます。見えないことを、人は「優秀」とは評価しませんし、有名にもなりづらい。

そういった意味でも、**いい仕事を「可視化」することは非常に重要**です。野球でいうと、一球でも時速160キロメートルのボールを投げれば「すごい」と言われます。実際に実力を見せることで、周りを圧倒することができる。そこまでできてようやく、「優秀」と認定されるのです。

私の場合も、営業マン時代に高い成績をあげてはいたものの、いろいろな人から「優秀」とまではなかなか言われませんでした。数字だけは見えても、中身はわからないからです。しかし、仕事の中身を社内論文で発表し優勝したとたんに、広く「優秀」と言われるようになりました。仕事の中身が「可視化」されたためです。

また、私はビジネス書を書くことが多くありますが、そうすると「あの人はとても『優秀』だよね」としばしば言われます。「彼はすごく『優秀』で、ビジネス書も書いているんですよ」というように、勝手に「優秀」と認定されてしまう。

このように、自分の仕事ぶりを周りに開示できると、評価もされやすいのです。

・可視化には、証人も大事

とはいえ、仕事の内容によっては、開示しにくいものも中にはあるでしょう。その場合は、誰かに「証人」になってもらう必要があります。たとえば、Aさんの上司が「一緒に仕事をしたけれど、Aのやり方はすごい」と言ったとする。すると周りも「Aさんって、すごいんだ」となる。

あるいは、Bさんが難しい取引先とのまとめ役を担い、厳しい局面を乗り越えて無事成功させたとします。この場合、そこに同席していた同僚が「俺にはあの仕事は無理だ」「ああいうやり方があるとは思わなかった」と周りに広めることで、Bさんは皆から「優秀」と認定される。同僚が「Bの仕事、なんかまとまったらしいよ。すごいね」としか言わなかったとすると、仕事の中身はわからないし、優秀さも伝わりません。

要するに、**「優秀」と呼ばれるには、それだけの結果が誰の目にも明らかなほど表に出ていることが必要**ということです。さらに、それを見た証人がいないと、「あいつは優秀だ」とはなかなか言われません。

そういう意味では、「優秀」な人とは、自分の上司や同僚など、同じ職場の仲間たちから「こいつはすごいぞ」と常に見られている状態にあるということです。

人によっては、自分の仕事ぶりを周りに見せるのを嫌がったり、謙虚に隠す人がいます。しかし、それでは「優秀さ」が見えないので、「優秀」とは認定されづらくなります。仕事ぶりがある程度、可視化されていて、それが口伝えで広がっていく。こうして人は周囲から「優秀」と認定されるのです。

優秀さの前提は会社ごとに異なる

世の中の人は「優秀」という言葉を口にしがちです。社内では「あいつはとても『優秀』な社員なんだよ」「へえ、彼ってそんなに『優秀』なんだ」という会話がよく交わされますが、**「優秀」と一口に言っても、実はその基準は会社によってかなり異なります。**

・広告代理店か、食品メーカーか

たとえば広告代理店Aと、食品メーカーBにおける「優秀」は、ある部分は共通しているけれど、全体で見るとまったく一緒ではない。それはなぜかというと、会社ごとに「優秀」の前提条件が異なるからです。

クリエイティビティが求められる広告代理店Aだと、これまで例がないような面白い提案をし、それをプレゼンして仕事を取ってこないと「優秀」とは言われません。新しいことに対する果敢な挑戦意欲や成長志向がないと、「ダメな社員」と言われてしまうのです。

一方、食品メーカーBでは、「言われたことをきちんとやるというベースができていないとダメだ」と言われます。新しいことに目移りしてばかりの人は、ともすると飽きっぽいとすら見なされ、「あいつは本来やるべきことができていない」と言われて、結果「優秀」とは見なされないのです。

・スピード重視か、慎重派か

このような、**会社による「優秀さの前提」の違いは非常に重要**です。たとえば会議中、上司に「今の件を（この場にいない）企画担当の佐藤がどう思うか、聞いてみてよ」と言われたとしましょう。これに対し「確認して、後で連絡します」と返答するのと、「今、電話して聞いてみます」と即対応するのでは、どちらが「優秀」と言えるでしょうか？

答えは「会社によって違う」です。前者をよしとする会社で、その場ですぐに担当者に電話をして「今ちょうど会議中で、新しい企画が決まりそうなんだ。内容を言うから、どう思うか意見をくれないか？」と聞いたところで、上司からは「今すぐ聞く問題じゃないだろう。いったん持ち帰って落ち着いて判断しあってくれよ」と呆れられてしまいます。

• 10分前行動が必須か、5分遅れが暗黙のルールか

また、「10時から会議」がある場合、「10時には着席していること」がその会社のローカルルールだったとします。すると、10時に着席していない時点で、その会社では「優秀」ではないと見なされてしまう。遅れて来る人間は、仮に仕事ができたとしても「あいつは時間が守れない」というところで減点になってしまうのです。

ところが別の会社では、「5分遅れ」が暗黙のルールとなっていて、10時になったら「そろそろ会議室に行くぞ」と動き出すのが常の場合も。この会社では、5分前に着席していることに、とりたてて意味はありません。時間にいくら正確であっても、高い能力があると評価されるわけではないのです。

会社の考え方はそれぞれ違いますし、ベストルールも異なります。**その会社が重要視している価値観をきちんと理解して仕事をすることが大事**と言えるでしょう。

なお、私がかつて在籍していたリクルートでは、「決めたことをその場でやる」ことが習慣となっている部署と、「翌日まで考えてみないとそれが正しいかどうかがわからないから、いったん持ち帰って考えてくる」のをよしとする部署がありました。

後者から前者の部署に異動して、それまで通り「明日の朝までに考えてきます」などと言うと、上司から「お前、そんなに時間が必要なの？　こっちは急いでるんだよ」とキレられる。「思っていたよりもダメな奴だな。『優秀』だなんて言われていたけれど、ちょっと違うかもね」と言われてしまうのです。

このように、「優秀」の定義は会社によって異なり、時には部署によって異なることさえあるのです。このため、その会社や部署で大事にしていること、たとえば「時間や約束は必ず守る」「クレームが少ない」「人の仕事を真似するだけでなく、新しい仕事に積極的に取り組んでいる」など、**会社や部署がそれぞれ持っている固有の特徴にきちんとキャッチアップしていくことが必要**なのではないかと思います。

人事データとは異なる、役員が持つ注目社員リストとは

世の中の会社には、人事データというものが存在します。そこには、一人ひとりの入社した日時や、異動履歴、給料の額などが記されています。

しかし、人事データには「優秀な人」に「優秀な人」とわかる印がついているわけではありません。**では、「優秀な人」の情報はどこにあるのか。それは、担当役員や、一部の人事担当の頭の中です。**

私がこれまで多くの企業を見てきた中で感じることがあります。それは、「会社の役員は社内を把握するために、従業員や部下たちを理解しようとしている」というこ

とです。理解しようとしている、ということは、**仕分けをしている**とも言えます。「『優秀』かどうか」という選抜が普段から行われているのです。

役員には、「将来こいつを課長にしたい」「俺がいる間に部長に抜擢《ばってき》したい」といった観点で注目している「優秀」な人が必ずいます。役員としても、「優秀」な人間を将来の幹部にしたいので、人物をしっかりと見て、頭の中で「優秀」な人間をリスト化しているケースが大半です。

それはなぜか。役員としては当然、「優秀」な部下が欲しいわけです。自分の言ったことを確実に遂行してくれたり、自分の部署でよい成果をあげてくれる「優秀」な人間です。

たとえば、大阪に新しい営業所をつくるという話が出たとしましょう。「誰に担当させようか」となったときに、「くじ引きで」とはいきません。「新しい土地でも営業所を立ち上げられる実力があり、かつ周りの人間とうまく協調しながら結果を出せる人間は誰だ？」と探す必要があります。

こういう場面に備えて、役員は必ず、機会ができたら誰に何をさせようかということを日頃から考えているわけです。「Aは新しい仕事をやるのに向いている」「Bはむしろ、大きな組織を任せたら結構うまくやれそうだ」、あるいは「Cなら、複数の仕事も同時進行でこなせるだろう」といった具合です。

役員は「優秀」な人間および、その「優秀さ」の内容を把握したうえで、リスト化しています。そしてそのリストは紙ではなく、彼らの頭の中にあるのです。

優秀社員にはバイネーム(指名)の仕事が集まる

通常、会社の中において仕事は選べません。しかし、**社内有名人になると、「この人にお願いしたい」という仕事がバイネーム(指名)で集まるようになります。**

とはいえ、そういったタイプの仕事は、誰にでも務まる内容ではないというのも事実です。それまで誰が担当してもうまくいかなかったプロジェクトのリーダーだったり、何度かトライしたものの失敗続きだった営業所の立ち上げだったり、あるいは対応に悩んでいる若手社員の教育や、何年も休止していた末に復活した新卒採用の責任者など。「この仕事はぜひ、あの人に任せたい」という仕事は、それなりに難度の高いものが多いです。

しかし、これらは誰がやっても同じ結果しか出せないことが初めから明白であったり、誰もやりたがらないような面倒な内容でありながら結果がたいして出ないといった、いわゆる「ババ」や「貧乏くじ」のような仕事ではありません。むしろ、**困難でもやりがいがあり、努力が報われる可能性の高い仕事がやってくる**のです。

すると何が起きるか。その仕事をクリアすれば、もともと有名人だったその人の「優秀さ」が上書きされ、「より優秀」と認定されるのです。これをくり返すことで、「優秀さ」のグレードが上がっていき、高い評価になります。「優秀な人」が、ますます「優秀な人」として有名になっていくのです。

「優秀な社員」と「エリート社員」は違う

「エリート」とは、いわゆる高学歴で頭のいい人を指します。知的生産性の高い仕事をしていたり、特定の人にしかできない仕事をしている人。官僚などはまさにその典型でしょう。会社でいえば、本社の経営企画や、財務の戦略投資などを担当している社員。世の中でいわれる「いい学校」を出ていて、学力的に高い能力を持つ、仕事ができる人です。

とはいえ、「エリート」が皆「優秀」かというと、それはまた別の話。「エリート」とは「優秀さ」の一端ではありますが、その人が社内で「優秀」と呼ばれているかというと、そうでもないケースもあります。

たとえば東京大学を出て、経営企画室でビッグデータの分析をしている人がいたとします。そんな人が、人間関係の構築が下手だったりすると、「あいつはエリートだから」などと言われます。この場合、周囲は「エリート社員」の学力の高さや知識の豊富さを認めつつも、その能力が会社におけるコミュニケーション力や、仕事の成果と一致していないことから、「エリート」という言葉を揶揄《やゆ》として使っていると考えられます。**「エリート社員」と「優秀な社員」は必ずしも一致しない**のです。

また、社会には「MIT（マサチューセッツ工科大学院）出身」「MBA（経営学修士）ホルダー」「ロースクール出身」、あるいは「オラクルマスターの資格を持っているエンジニア」といった、確固たる「能力」のある人がいます。「僕、英語がペラペラなんです」「ロジカルシンキングの知識はかなりあります」という人もいるでしょう。

しかし、そういった〝ポータブルスキル〟を持っているからといって、会社では必ずしも「優秀」とは認定されません。

・エリートにはない優秀社員の条件

では、「優秀な社員」と言われる人の条件とは?

古い言葉でいうなら、**「場の空気が読める人」**です。その会社独自の空気やローカルルールを読み解き、それを踏まえて行動する人です。

加えて、一緒に仕事をする仲間が動きやすいよう、**自分で考えて先回りできること**も重要です。人は何のために仕事をするのかといえば、最終的には自分のため、給料をもらうためです。しかし、評価されている人は、誰かの役に立つ度合いが高いのも事実なのです。

仕事をするうえでは、組織やチームが不可欠です。その中で、周りの人を置き去りにしたり、さんざん振り回しておきながら、「でも、あいつは優秀だよね」と言われることは、まずありません。スポーツの団体競技で、チーム内でひとりだけ活躍していても、チームワークがボロボロだったり、チームの順位が悪ければ、周りから「優秀」とは呼ばれないのと同じです。

「優秀」な人であるためには、周りに対してもよい影響をもたらすことが大事だと思います。本書の冒頭に挙げましたが、ジャック・ウェルチ氏の「優秀なプレイヤーの定義」の中にも、「周囲のやる気を高められること」が含まれています。

人間はどんなときにも誠実な姿勢を忘れないことだ。誠実な姿勢を確立し、この姿勢をあくまで貫くことによって、経営が順調なとき苦しいときを問わず、私はどんな仕事も成し遂げることができた。

Welch's word

そういった存在になれば、本人もその中で質のいい仕事や、やりたい仕事ができるうえ、周りの人もハッピーになる。いいこと尽くしです。

優秀になる方法は、誰も教えてくれない

とはいえ、会社では「優秀な社員」になる方法はわざわざ教えてくれません。会社としても、本来であれば全社員に「優秀」であってほしいという思いもあるでしょう。しかし一方で、会社というのは「2：6：2の法則」でいう「6」の部分、つまり「普通の人」がたくさんいてこそ、回るものでもあります。残念ながら、ひとつの会社に社長が10人もいることはありえません。

通常、会社は「普通」にできる人を軸に仕事を回し、仕組み化、標準化していくものです。その中で、自然発生的に出た「優秀」な人が、最終的には会社の中心的存在になり、重要なポストに就くようになる。

だからこそ、**社内で「優秀」と言われるためには、個人が「優秀な社員」を目指して意識的に行動するしかありません。**

「優秀」と評価されるポイントとは何か？　第2章では、その部分をさらに掘り下げていきましょう。

CHAPTER 2

あなたの評価を左右する14の特性

優秀さを左右するのは会社のローカルルール

「優秀」という言葉は、仕事の世界ではごく一般的に使われる単語です。どの職場においても、「あの人は『優秀』だ」という使い方をよくしていると思います。

人を紹介するときは、「彼はすごく『優秀』なんですよ」と言って推薦しますし、紹介してもらいたいときは「誰か『優秀』な人、知らない？」という言い方をします。このように、人は「優秀」という言葉を無意識に使いがちです。「優秀」ということが何を意味するのか、あまり考えずに使っていることが多いとも言えます。

会社における「優秀」な人とは、何か秀でた仕事をしたことがあり、それが社内で浸透していることを意味します。

書籍の編集者であれば、ミリオンセラーを一発でも出せば「あいつ『優秀』なんだよね」と言われる可能性があります。一方で、毎回1万部の本をコツコツと出している編集者は、「優秀」というよりも「あいつはなかなか堅実だよ」と言われる。突出した結果を出し、それが社内で周知されていることが「優秀」の定義となっています。

第1章でも触れた通り、世の中の会社には、その会社ごとのローカルルールがあります。**「優秀さ」とは、その会社のローカルな定義においての「優秀さ」**と言えます。

このため、ある会社で「優秀」と言われていた人が、別の会社に移ったとたんに「優秀」とは言われなくなることも多分にあります。

隠れたルールを見極めるには

では、自分の会社のローカルルールを把握するにはどうしたらいいか。

ほとんどの会社のローカルルールは文書化されておらず、わかりづらいものです。

また、仕事に没頭している人は、ローカルルールをなんとなく把握してはいるものの、その重要さに気づいていないことが多い。

だからといって「ウチの会社では何をもって優秀とされるんですか？」と上司に質問したところで、「そんなの知らないよ、忙しいんだから」と一蹴されるのがオチでしょう。

そういうときは、**人事や経営企画、管理部門など、会社を俯瞰《ふかん》して見ている人たち**

に確認するのもひとつの手です。彼らは立場上、ローカルルールを熟知している可能性が高いからです。

たとえば、「くわしくはわからないけど、出世してるのはバリバリ仕事してる人っていうより、人当たりがよくて調整がうまい人が多いかなぁ」とか、「堅実な人よりも、ちょっと失敗しても派手な仕事をする人のほうがいいみたい」といった具合。優秀さのローカルルールは、そういう人たちに聞くのが手っ取り早いと言えます。

あとは**周りをよく観察してみる**ことも大切です。周囲の発言や行動の中で、その会社の特徴や、大事にしているものが見えてくることがあります。

たとえば何か物事を決めるとき。「今、決めよう」と言ったらその場で決めないとダメな会社があります。決断しないことが「悪」になるのです。そんな会社で、「この件は、いったん持ち帰ります」と言った瞬間に、「優秀ではない」というレッテルが貼られてしまいます。一方で、「では一番話し合いが盛りあがったC案に決めよう」などと即断すると、「持ち帰らずにその場で決めるのは拙速ですよね」と言われてしまう会社もあるわけです。

拙速であるのが良いのか、悪いのか。その判断をひとつ間違えただけで、致命傷にもなりかねません。そうなる前に、「どうやらこの会社は、その場での即断をよしとする会社だ」と気づかなくてはなりません。

あるいは、「今度、飲みに行きましょうよ」という言葉ひとつとっても、たとえばそれが広告代理店業界であいさつ代わりの言葉になっているとしたら、その業界内では「いつも口ばっかり」と批判されることもなければ、それで「優秀さ」を取り消されることもありません。しかし、金融業界で「今度、飲みに行きましょうよ」と言ったら「必ず飲みに行く」という暗黙のルールがあったとしたら？　広告代理店から金融業界に転職した「優秀」な人は、どんなに仕事ができても、このルールを破ったことで「優秀さ」の看板を剥奪される可能性があるのです。

普段から周りをよく観察し、ローカルルールに順応していくことが必要と言えるでしょう。

「優秀」の裏の理由にご用心

「優秀」という言葉の意味は、読んで字のごとく「すぐれひいでている」（『広辞苑』

より）ということ。優れた人物、秀でた存在であることをたたえている言葉なので、褒め言葉であることに間違いはありません。

また、「優秀」と呼ばれる人は市場価値が高く、周りからの期待もその言葉に込められているようにも思います。人事評価でいえば、上位3パーセントくらいの存在。「仕事の存在価値」でいうと「極小」にあたります。

たとえばこれが「デキる」という言葉になると、そこにはある種の腹黒さや、ずる賢さが垣間見えることもあります。しかし、「優秀」にはそういったネガティブな要素は見られません。「『優秀』だよね」と言われながら、同時に後ろ指を指されたり、嫌みを言われている人を見たことがあるでしょうか？

「優秀」な人が社内でたたえられている存在であることは間違いありません。**ポイントは、たたえられている「理由」**です。

くり返しになりますが、本書で述べている「優秀」というのは、「その会社の中で」優れているということです。つまり、ある特定の社内において能力が高く仕事ができるという評価が与えられているに過ぎません。具体的に何をもって「優秀」とされているかは、部外者にはわからないのです。

このため、社内では「優秀」と言われる社員であっても、お客さんやクライアントから見た際に、「こちらの求める『優秀』とは違う！」となり、問題が生じることも。**「優秀」という言葉を使うときは、その「優秀」が具体的に何を指すのか、その意味を必ず伝える必要があります**。「優秀」という言葉の定義を交換し、どういう「優秀さ」を備えているのかをお互いに認識することです。もしかしたらその「優秀さ」は、先方の求めるものとは違うかもしれない。「そういう意味での『優秀』な人でしたら、ほかの人をお願いします」と言われる可能性もあるのです。

「優秀」という言葉は褒め言葉には間違いなく、付き合って損はないタイプと言えますが、人選びをするときには、どういう「優秀さ」を備えているのかを確認したうえで、慎重に考えなければならないでしょう。

それでは、「優秀」と言われる特質にはどのようなものがあるのか。くわしく見ていきましょう。

1 相手にストレスを感じさせない「ダンドリ力」（大前提）

「優秀さ」はその会社固有のローカルルールにより具体的な意味が異なると言いましたが、どんなルールであっても、**その根底には共通してある前提が存在する**のではないかと感じたことがあります。

ライフネット生命の岩瀬大輔社長とお会いしたときのことです。彼はハーバードのビジネススクール（経営大学院）を首席で出ており、面識のないときから「優秀」という噂を耳にしていました。実際に会ってみても、頭脳明晰で、発言も立派、人間としてもとても魅力的な人物でした。

彼のように「優秀な人」は通常、とても忙しいものです。一日に何人もの人に会い、打ち合わせも次々とこなしていかなくてはならない。当然のことながら、そこでいろいろな仕事が残ってしまう。「今度、○○さんを紹介しますね」「さっき話に出たラーメン屋さんの情報、後でメールします」といった、ちょっとした約束事もしかりです。

たとえば打ち合わせでコーヒーを飲んだとします。「このコーヒーもおいしいけど、前に御茶ノ水で飲んだコーヒーは格別でした」という話をしていて、「そのお店、どこにありますか？　今度ちょうど御茶ノ水に行く用事があって、寄ってみたいです」と言われた場合。

岩瀬さんなら「今すぐはわからないんですが、後でメールを送りますね」と言って、その場を離れた瞬間にささっと処理してしまうのです。そこですぐに処理しないと、後にどんどん溜まっていってしまうからです。**「ダンドリ力」、つまり処理能力が非常に高く、コミュニケーションをとる中で相手にストレスを感じさせない**のです。

「今度行きますね」と言って全然来なかったり、「あの件は私から連絡します」と言っておきながら実行しない人がいます。すると周りから、「あの人は忘れっぽいのかな」「『仕事ができる』と言われて、すこし調子に乗っているのかも」と、マイナス点が加算されていく。

やがて、「あの人は『優秀』だけど、人への気配りができない」「『優秀』かもしれないけど、言ったことを忘れがち」と、「優秀」に条件がつくようになります。それがいくつか溜まり、周囲で共有されるようになったら終わりです。

Aさんが「おいしいお店を見つけたから、一緒に行こう。今度連絡します」と10人に言っておきながら、誰にも連絡しなかった場合、10人が「あれ?」となる。それがどこかでくっついて、「俺も実はこの間、同じことをされて……」と言い出すわけです。

すると、「結局電話がかかってこなかった」「やっぱり」「私も!」「あいつって結局、そういう奴なんだね」となる。「『優秀』だけど」の「だけど」が3つ、4つになり、気がつくと「仕事自体はできる奴だけど、約束を守らないから。そういう意味では信用ならないよね」と言われ、「優秀」枠から脱落してしまうのです。

岩瀬さんを見ていると、**「優秀」であるということには、相手にストレスを感じさせない処理能力を持っていることが前提**なのではないかと思うのです。

2 「あれはまずいでしょ」のNG行動がない

現代では「コンプライアンス（法令遵守）」という言葉がよく使われるようになりました。たとえば国会議員が不倫をしたり、ジェンダー的に問題となるような発言をしたり、昔なら黙殺されていたかもしれませんが、現代では「それってコンプライアンス上、どうなんですか？　倫理的に問題ありますよね？」と言われます。

私たちの仕事においても、取引先に対しての態度から、ちょっとした発言に至るまで、**法的または倫理的にＮＧと思われる行動**があった際、いわゆる「イエローカード」と「レッドカード」、くだけた表現でいうと**「ちょっとどうなの」**と**「あれはまずいでしょ」**というものが積まれていきます。

その結果、それまで積み上げてきた「優秀さ」が、すべてチャラになる可能性が大いにあります。現代は、その点の一種の「寛容さ」が少なくなってきていると思ったほうがよいでしょう。

たとえば飲み会で羽目を外しすぎてしまったり、仕事でやや強引にお客さんにものを売りつけたり、自分では「これくらい問題ないだろう」と思っている程度の「やんちゃ」な行為。過去に「優秀」と言われてきた人たちの中にも、そういう「やんちゃ」をしてきた人はおそらくいるでしょう。かつては「優秀さ」とある程度の人間性があれば、「やんちゃ」な部分は「多少は仕方ない」と黙認されていたのだと思います。私の新人時代も、「営業成績がよく、社内の人間関係をそれなりに上手に回していればOK」という風潮がありました。仕事のあと、飲み屋で「社内不倫は2人までセーフ」なんてことを言う上司がいたくらいです。当時の価値観では、それも「やんちゃ」の範疇《はんちゅう》だったのだと思います。

しかし**今では、「やんちゃ」によってすべてを失ってしまう可能性があります。**それがイエローカードなのか、はたまたレッドカードに該当するのか。レッドならば一発退場。積み上げた「優秀さ」が、それこそ砂の城のように簡単に崩れ落ちてしまいます。

会社によっては、ちょっとした規則でも破るのを許さないところもあります。イエローカードにはならないけれど、それを10回くり返したらイエローに、100回ならレッドになることもあるのです。

「ダンドリ力」で触れた「口約束を守らない」という行為は、一度であればイエローカードにも満たないものです。「あいつは忙しいから、言ったことを忘れちゃうんだよね」くらいで済むからです。しかし、**それが10、20と積み上がってくると、イエローになる可能性は大いにあります。**

「ゴミを拾わない」「会社の電気を消さない」「パソコンをつけっぱなしで帰る」といったささいなことでも、1年間続いたらどうなるか。「会社の鍵をなくした」というのも、1度なら「しょうがないな」で済むかもしれませんが、10回あったら？「仕事はできても、鍵を10回もなくすなんて、人としてどうなの？」となるはずです。

本人にしてみれば「俺、そこまで悪いことしてないんだけど、なんで？」と言いたいところでしょうが、コンプライアンスに敏感な現代では、大なり小なりNG行動には大いに注意すべきだと思います。

3 社内人脈づくりに執着していない

仕事をするうえで、社内の人脈が広いことはとてもよいことです。

たとえば「この件は誰に聞いたらわかるだろう？」という場面で、すぐに別の営業所に電話をして「俺の取引先の同業他社の会社をお前が担当していると思うけど、最近、業績どうなの？」と聞くことができたり、「経営会議に資料をつくって出したいんだけど、役員はどう思うかな？」となったら、秘書室に問い合わせてみたり。人脈があれば、いろいろなことを自分で直接聞くことができます。その点で、人脈が広いことはとても意味があります。

しかし、それが結果として「優秀さ」の物差しになるとは限りません。なぜでしょうか？

仕事を進める中で、必要なときに社内の人材を動かすことができるのは重要です。とはいえ、意味もなく「同期とよく飲んでいます」とアピールしたり、「社内の人間はだいたい知ってます」「この仕事は誰に聞けばいいのか、俺ならわかるよ」と自慢している人に、残念ながら「優秀な人」はほとんどいません。

人脈を持っていることは重要ですが、そこにかけるエネルギーを考えてみてください。**「社内人脈が広い人」と思われるためにエネルギーを注ぐのと、そのエネルギーで仕事をするのと、どちらがいいのか。**「優秀」を目指すのであれば、後者ですよね。社外から本当に重要な仕事を持ってきて、社内の会議に通すことになったとき、**たとえ自分に社内人脈がなかったとしても、社内人脈の広い人を知っていれば十分**なのです。

社内人脈は広くても仕事ができない人と、社内人脈は狭いが仕事のできる人がいたとしたら、最後はどちらにつくべきか。答えは後者です。最後に評価されるのも後者の「優秀な社員」です。

大事なことは、仕事における「優秀さ」です。人脈以前に、仕事において秀でていることが前提です。仕事をスムーズに行うために、社内人脈を活用することはとても重要ですが、そこに対してむやみにエネルギーをかけすぎてしまうのは、時間がもったいないと言わざるを得ません。

また、私がさまざまな人に会ったうえで実感しているのは、本社にいて「役員をよく知っている」とか「社内の政治をよく知っている」「派閥にくわしい」という人は、経営陣から見ると「知りすぎた存在」と言えます。そういう人は、ある一定の役目が終わると、「将来のために地方の現場も見てくるといいんじゃないか」などと、どこかに飛ばされることになりがちです。

このように、**社内人脈に精通しすぎてしまうと、時と場合によっては「面倒くさい」「疎《うと》ましい」「遠ざけたい」存在になる可能性も大**なのです。

歴史を振り返ってみても、将軍や大名の下で知り尽くした存在は、殺されるケースが多いです。石田三成は豊臣秀吉が見出した「優秀」な人物でしたが、あまりにも豊臣政権の動かし方を知りすぎていた。彼は秀吉亡き後、天下取りにおいて対立相手だった徳川家康に殺されました。

知りすぎた人というのは、そういったリスクを背負っています。知らなくていいとは言いませんが、知りすぎていたり、知ることにエネルギーをかけすぎてしまうと、結果としてプラスにならないでしょう。

4 自分の能力をひけらかさない

・市場価値が高すぎることの悩ましさ

転職する場合、気になるのは自分の市場価値です。市場価値というのは、一言で言うと「どれくらいの給料をもらえるか」ということ。大手の総合商社から別の業界に転職する際、「商社の経験からいうと、あなたの市場価値は1200万円です」となります。

市場価値が高いということは当然、当人にとってよいことだと思うかもしれません。しかし、**「市場価値が高い」ことと「優秀」であることは、必ずしもイコールではありません。**

留学経験があり、英語が堪能《たんのう》でＭＢＡを持ってはいるけれど、現職が地方銀行の融資担当だったとします。「僕の市場価値は１８００万円だけど、今は８００万円の仕事をしている」という人を、周りはどう見るか。扱いづらい存在になるわけです。

会社には、仕事をするうえで必要とされる能力の幅があります。たとえば「私はスペイン語が堪能です」と言われても、「うちはアジアしか拠点がないんです」という会社においては、その語学における「優秀さ」にはあまり意味がありません。「大学時代に日本で一番有名な物理の先生の下についていたので、それ関係なら誰にも負けません」というゼネコンの設計士がいたとしても、「それはともかく、まずは図面を書いてくれる？」となる。医学部を卒業した人が、「有名大学の勤務医になった場合、市場価値が２０００万円」だとしても、実際には普通の事業会社で営業をやっていたとしたら？

このように、**これまで培ってきた知識やノウハウが今やっている仕事と一致しない**

場合、それだけの市場価値があることがわかった時点で、周りからは「だとしたら、君はここにいないほうがいいんじゃない？」「居場所が違うでしょ」と思われてしまう。たとえその人が今いる場所で、仕事の能力を発揮していたとしても、周りの人間から見ると、「間違えてこの会社に来ちゃったんだ」「どうせ、そのうちいなくなるんでしょ？」と思われるだけ。そういう人は「優秀」とは呼ばれません。

「変わり者」でも、「人としてダメ」というわけでもありません。ただ、組織集団においては「集団の外にいる人」「異分子」という扱いになります。悲劇とまでは言いませんが、悩ましいことですね。

・今いる土俵の中で戦おう

世の中の組織や会社では、同じ土俵の中で「優秀さ」が競われており、その中で頭ひとつ抜けた人が「優秀」と認定されます。その土俵の外側にいる人や、違うルールを持ち込む人がいると、日本の組織の中では「ここにいる人ではない」「我々とは違う」と思われてしまう。

会社で必要とされるのはたいてい、AランクからCランクまで。Aランクの中でも、頭ひとつ抜けていると「優秀」と言われます。ここにSランク、つまりスペシャリストが来たりすると、**「そこまでの能力の人は、別にいらない」**となります。

たとえば、チェーンの安居酒屋の場合。「僕は三ツ星シェフですが、ぜひ居酒屋でやってみたいんです」という人が転職してきたとします。しかし、周りは彼を「優秀」とは言いません。むしろ「いや、そもそもウチの店でやる人じゃないでしょ」となる。一方、その居酒屋チェーンの叩き上げの料理人で、社内のメニューコンクールで優勝した人は、「優秀」と言われます。

いくら「自分は三ツ星シェフですが、もともと和食が好きで、大きなチェーンでいろいろ勉強したいと思って来ました」と悪気なく言ったとしても、「わかったけど、君はここにいる人じゃないよね」と言われてしまう。それよりも、新卒で入社して以来ずっとその店で頑張ってきて、メニュー大会で斬新な料理を提案して何年か連続で優勝するような料理人を、人は「優秀」と呼ぶのです。

市場価値に見合った仕事をしていないという人に対して、その会社を「辞めろ」と言うわけではありません。ただ、今の会社で「優秀」でありたいと思うのならば、**自分の社外における市場価値が実はとても高いということを、ひけらかすべきではあり**

ません。居心地が悪くなるだけです。

また、会社で「優秀」と言われる条件を飛び越えたスキルや能力を磨きすぎると、いつか会社から放り出される可能性もあるので要注意です。今いるマーケットで戦って「優秀」と言われるよう努力したほうが得策でしょう。

5 いつでも人に見られている自覚がある

・「優秀社員」の多くは、面が割れている

今、日本の会社でも「360度評価（多面評価）」の仕組みがすこしずつ広がっています。上司や同僚、部下、加えてお客様から見た自分の評価と、自分自身を評価した自己評価のギャップを「課題」と設定し、改善していくものです。点数をつけるというよりも、**周りから何を期待されていて、自分に何が足りないのか**、そこに気づくことが重要とされています。

たとえば「私は日頃から自分の仕事を振り返り、ミスのないように心がけています」という項目があったとします。「とてもできている」「比較的できている」「できている」「すこしできている」「だいぶできていない」の中から選んで丸をつけるわけですが、自分では「できている」を選択したのに、上司からは「だいぶできていない」と評価されることもあります。

また、本人は「一生懸命仕事をして数字もあげている」と思っていて、実際に実績があっても、周りからは「仕事を頑張っているのはわかるけど、もっと周りに対して気を遣ってほしい」「お客様と接する際には、数字はともかく、細かくフォローする気配りを見せてほしい」という意見が出ることもあります。

周りからのこうした評価を受けて「なぜこんなに自己評価と違うんだろう?」と思うかもしれませんが、おそらく自分では気づいていないだけで、周りから見たらできていない部分もあるわけです。そこで「今後は気をつけよう」と自分を戒《いまし》め、より具体的に弱点を直すことができる。周りの評価とのギャップを課題として見たうえで、それを埋めようというのが今のトレンドです。

一緒に仕事をしている同僚や仲間というのは、「見ていないようで、実はよく見ている」ものです。すべてを見ているわけではありませんが、気になる発言や行動を意外とチェックしています。

「3年前の飲み会でこんなことを言った」「会議中の発言で、新入社員がとても傷ついた顔をしていた」といったことも、周囲は覚えていたりします。社内の打ち合わせで、直属の上司がいる場では「任せてください。あとはこちらでやりますから」と言っていたのに、上司が席を外したとたんに「じゃ、あとは頼むわ」となった瞬間、周りからは「この人は、人を見て態度を変えるタイプだ」と認定されてしまいます。

とりわけ「優秀」と定義される人は、仕事における秀でた部分とともに、日常における行動をかなり見られていると思ったほうがいいでしょう。そのコンピテンシー（成果を生む望ましい行動特性）の中に、評価の裏づけが求められることがあるからです。

社内で「優秀」のレッテルを貼られている人に間違いなく言えること、それは**「社内で面が割れている」**ということです。「社内にAさんというとても『優秀』な人がいるんだけど、実は誰も顔を見たことがない」ということはまずありません。たいていの場合、「優秀」と言われている人の顔や出で立ちは、少なくとも社内では知られています。

また、「優秀」と言われる人は、役員にも顔を覚えられているものです。顔を覚えられているということはつまり、「優秀」だと認定されているも同然です。注目を浴びている人には、当然ながら誰しも目がいきますよね。

ということはつまり、**「普通の社員」であれば見逃される行動が、「優秀な社員」となると見逃されない**とも言えます。「あの人、チャック開いてるよ」とか「すごく不機嫌そう」「上司にすごく媚《こ》びてない？」といったマイナスの要素まで、普通の人以上に細かくチェックされかねません。

・いつなんどきも、見られて恥じない行いを

リクルートの後輩で、38歳でグループ会社の最年少社長になった人がいます。北村吉弘さんという人ですが、この時点ですでに、「優秀」だと感じますよね。実際に会ってみても、頭脳明晰で、何を聞いてもきちんと誠実に答える人です。

そんな彼が、このたびリクルートホールディングスの常務執行役員に抜擢されました。会社のホームページにも、顔写真と名前が大々的に載っています。グループの従業員は現在3万人ほどですが、そのうち7割の人は街を歩いていても「あ、あれは北

村さんだ」とわかると思います。

　私の同期の峰岸真澄さんはリクルートグループ全体の社長ですが、２０１４年10月に東証一部に上場した際の記事がたくさん出ていますから、リクルートグループの社員の９割以上は峰岸さんの顔を知っているでしょう。つまり、３万人近くの社員が、北村さんや峰岸さんの顔を認識していると考えられます。

　一方で、彼らはリクルートグループの社員のうち、いったい何人の顔を把握しているでしょう？

　もちろん、３万人近くの社員全員の顔を覚えているわけはないでしょうから、彼らはほとんどの社員から一方的に認識されている状態です。たとえば休日のデパートで買い物をしていて、近くに社員がいた場合、その人は北村さんや峰岸さんを認識しますが、彼らは近くに社員がいることはわかりません。**自分が見られていることに気づかない状態で、社会生活を送らなければならない**のです。

　もちろん、街を何気なく歩いていて、本人の自覚のないところで目撃されていることもあるわけです。「銀座で買い物をしていた」「誰それと一緒だった」「自販機で商品が出てこなかったみたいで、ドンドン叩いていたよ。あの人ってすごくせっかちだね」なんてことも言われてしまう。

「優秀な社員」として名前が売れている人は、その分注目度が高く、行動特性を周りが見ている可能性が高い。それによって「優秀さ」が裏打ちされ、再確認されることもありますが、一方で、**場合によってはイエローやレッドカードの行いも人より注目され、マイナスに働く可能性もある**ということです。

優秀な人というのは、自分が知っているよりもはるかに多くの人に認知されているものです。「優秀」であるという前提で注目され、行動を観察されているわけです。このため、常日頃から「見られている」という意識を持ち、「優秀」らしからぬ行動は避けるよう注意したほうがいいでしょう。

6 「よくぞ言ってくれた!」の名言を発せる

選挙戦で“Yes, we can!”と力強く言い放ち、アフリカ系アメリカ人として初の大統領となったバラク・オバマ氏。彼のように、世の中の心を揺さぶるような発言で、国民を動かす政治家がいます。

日本経済がまずいという意識が出たときに、誰かが「このままアベノミクスを続けていてはいけない。格差は広がるばかりだ。それをなくすための構造的な改革をしないと、日本そのものがダメになってしまう」と発言したとします。そこで国民の共感が得られると「あいつは『優秀』だ」となる。

ここで「アベノミクスは素晴らしい。成果をあげている。引き続きやりましょう」と言っても民意を得られないでしょうし、民主党のように「もう一度、子ども手当を出しましょう」と発言したとしても、それも見当違いです。

我々も仕事をする中で、自分の思いや気持ちを言葉にして発信する機会に突然出くわすことがあります。会社の朝礼で「一言お願いします」と言われたり、会社の役員が集う場で「お前はどう思う?」と意見を求められることもあるでしょう。

これは「優秀」と言われる人に限ったことではありません。その予備軍の、そこそこ仕事ができる人にも、そういった機会はやってきます。

そのような場面において、周りの人たち、つまり上司や同僚、部下をうならせ、「上位3パーセント」の存在であることを確信させるような発言をすることで、「優秀さ」を決定的にすることができます。

その主たるものが、**本来、誰かが言わなければいけないのに、誰も口にできないこと**でしょう。

会社が非常に危機的な状況にあるのに、誰も口に出せない。そんなとき、「このままでは、この会社はいけないと思う。変えなければいけない」とはっきり口に出し、そのための具体的な策を提示できる人が「優秀」と見なされます。

あるいは、社長の肝いりで始めたプロジェクトが、明らかに時代にマッチしておらず、成功がまったく見込めない場合。社内の人間の誰もが「やめたほうがいいんじゃないの」と思ってはいるものの、とても言える雰囲気ではない。そんな中で、「もうやめましょう」「やり方を変えて、新しい方法で取り組んでみましょう」と言うと、「よくぞ言ってくれました」となる。**周りから共感を得られないことには、名言とは言えません。**

なんとなく思っているけれど、誰もが言いづらいこと。警鐘を鳴らしたり、構造を変えたり、漠然と行われている仕事を改革したり、皆が感じている問題意識を代弁してくれるような一言。

そのような名言を吐ける人を、周りは「優秀」と認定するのです。

7 会議で「落としどころ」ではなく「方向性」を示せる

私自身、仕事をしていて、会議の重要性をあらためて感じることが最近増えてきました。とくに「優秀さ」をはかる場面において、それを実感しています。

というのも、結局のところ、人が実際に仕事をしている場面をすぐ横で観察することは、あまりないからです。仕事ぶりの一部は観察できるかもしれませんが、すべてを見られるわけではない。つまり**「優秀さ」というのは結果で見るか、会議における言動でその片鱗《へんりん》を見るかしかない**のです。

会議は、個人の気持ちや意見を発するとても重要な場です。そこでの発言や立ち居振る舞いは、そのままその人の人物評価につながっています。当然、会議での言動が「優秀さ」をさらに確固たるものにするケースも多いのです。

日本の会議は、大半が「報告の機会」であり、黙って座っていることが比較的多いと思います。AかBかはほぼ決まっていて、「あとはよろしいですか」という確認で終わることが多いでしょう。

しかし、意見が対立することがたまにあります。「Aでいこうと思いましたが、問題があります」となった場合、会議が紛糾してしまう。そうなると、誰かが方向性を示さなくてはなりません。

ここで重要なのは、**求められているのは「落としどころを見せる」ことではない**ということです。「今の話をまとめると反対意見も結構あるけど、会社としてはAをやったほうがいいということなので、Aの方向に行きつつ、反対意見もまとめるのでどうですか」などといった、「Aが7割、Bが3割」という玉虫色の解決策を示すことではありません。これは会議を進行する議長の役目です。議長が最終的に「では、Aでいくことを前提にしつつ、Bは見送ることにしましょう。でも、今までやってきたことが無駄になると会社としての損失も大きいので、やってきたことをまとめてホームページ上で開示して、それを使ってクライアントに出すのでどうでしょうか」などと、落としどころを見せるのです。

この落としどころの役目を担いたがる人は、世の中に結構います。それはそれで重要な存在だとは思いますが、それでは「優秀」とは言われません。これはあくまで「後処理」でしかないからです。

「優秀」な人は、「この件はやったほうがいいと思います」と、方向性をはっきりと提示します。物事を決める能力ももちろん高いですが、さらに**「あの一言で風向きが変わった」と言われるような、影響力の強い発言**ができるのが特徴です。

極端に言えば、全員が反対と言っている中で、ひとりだけ「いや、これは絶対にやるべきです」と言い、最終的に全員をやる方向に向かせたとしたら、その人は「優秀」と評価せざるを得ないでしょう。

えてして「優秀」ではない人に限って、玉虫色の発言をするものです。しかし、玉虫色の発言は、実は「誰にでも言える」ことだったりします。

「お昼は牛丼を食べる？　ラーメンにする？」となったとき、「ファミレスに行って、牛丼もラーメンも頼もう」と言うのは普通の人。「牛丼ですよ。なぜって……」という解決案を出し、皆が納得してついてくる。これこそ「優秀」な人です。

8 役員の会話で名指しされる

いろいろな企業に赴いて役員会に出てみると、役員たちが「優秀」とおぼしき人の名を口にすることがよくあります。時には、若い社員の名前が挙がることもあります。

会社の経営において、「人は財産」とよく言われます。ある意味、正しいですが、**役員はその「財産」が皆同じ価値だとは思っていません**。つまり、全員がダイヤモンドというわけではないのです。ダイヤモンドのようにキラキラと光って見える人もいれば、鉄の玉みたいに思われている人もいる。経営者や役員は、「将来、会社の幹部になるだろう」「いつか抜擢して、大きな仕事を任せよう」と思えるダイヤの原石を常に探しているのです。

役員の中には、表向きには「どの社員もかわいくて仕方ない。全員が幸せになってほしい」と、詭弁《きべん》ともとれる発言をする人もいます。しかし、本音の部分では「本当に『優秀』な人を引き上げたい」とか、「本当に『優秀』な人だけはちゃんと押さえておきたい」と思っています。それが普段の発言にも、無意識のうちに出ているのです。

結果として、役員の話に登場する人物は限られてきます。その人物を引き合いに出して、褒めることもあれば、批判することもあります。しかし間違いなく言えるのは、「好き」か「嫌い」かはさておき、役員から見て印象に残る存在だということ。

つまり、**役員の口から名前が挙がる人物は「優秀」な人が多い**ということです。

プロ野球でも、監督の口から名前が出る選手は、「優秀」ないしは「優秀」である可能性が高いと思われる人が多い。そこそこの実力だったり、実直なだけの選手は、なかなか名前が挙がってこないものです。

たとえば従業員が1万人規模の会社で、社長に「入社3年目の社員といったら、誰がわかりますか?」と質問したとします。3年目の社員が何百人もいるとしたら、当然、全員の名前は知りません。

しかし、知っている名前はゼロでもありません。数人は必ず挙がるものです。「佐藤、鈴木、あとは清水かな……」。その中で、「そうそう清水。あいつは早稲田出身で、たしか野球部だったよね」と、名前だけでなく中身まで認知している社員がたまに出てくる。多忙な社長や役員の頭にそこまでデータが入っている人は、「優秀」なケースが多いものです。

「名前を知っている」のと「その人の中身を知っている」ことは違います。役員たちは、「優秀」だと思っている社員であれば顔を見ただけで誰だかわかるだろうし、名前を間違えたりもしません。「覚えている」ということは「関心がある」「注目している」ということです。「えっと、誰だっけ？　先日会った、大阪の若手で……名前忘れちゃったな」とはなりません。「大阪の佐藤君だね。同志社出身の……」と確実に覚えられている。そういう存在こそが「優秀」な社員と言えます。

役員たちは年齢とともに物忘れが激しくなるというよりも、キャパシティの問題で覚えきれなくなるのだと思います。すると、**会話の中で出てくる人物と、出てこない人物がいた場合、出てくる人物はくり返し出てくるし、記憶から外れた人はそのまま消えてしまう**ことになる。

結果として、同じ役員の口から「優秀」な人の名前が何度も登場することになり、役員同士の会話を通じてほかの役員にもその名が記憶されることになります。ほかの役員も、まず名前を覚えて、やがて顔と名前が一致して、その人の中身もわかってくる。

さらに、役員の口から名指しで出てくる人間には、社員たちも注目しますし、当然「優秀」なんだろうなという目で見るようになる。こうして「優秀さ」に箔がついていくのです。

9 時代で変わる優秀さの基準を察している

世の中で「優秀」と言われる人は、「その会社において優秀」であると同時に、「今の時代において優秀」でもあります。しかし、世の中は常に変化しており、その「優秀さ」は時代とともに陳腐《ちんぷ》化しがちです。あとの章でもくわしくお話ししますが、**「優秀」であり続けることは、実はかなり大変なこと**なのです。

頭ひとつ抜けた仕事をしていたとしても、その環境が突然、変わることがあります。スポーツの世界で、ボールの規格が変わったり、ルール自体が変わるのと同じです。時代だけでなく、職場やオフィスが替わったり、上司が替わったり、会社が統合されて2社が1社になったりなど、会社における環境の変化は結構多いものです。「今やっている仕事は今日で終了です。明日からは別の業務に就いてください」「来週から大阪に転勤です」「今日から上司は外国人です」となったときに、今までのやり方では通用しない可能性もあります。そこで「優秀さ」が一気になくなることもあるのです。

たとえば、10年前に人材ビジネスで「優秀」と言われた人がいたとします。かつては転職希望者が何を考えているのかはわからないから、まずは「実際に話を聞こう」というところが重要視されていました。それが10年経ち、転職者の考え方は変わってきました。さらにネット時代になり、転職者の希望やスペックもデータで簡単にわかるようになりました。

一方、企業サイドも採用のアプローチが変わっています。広告をつくって、そのビジュアルメッセージで訴えるのではなく、転職希望者のレジュメを見て、直接スカウトメールを打つようになりました。転職する人も、採用する企業側も、データベースを管理して、どう戦略的に動くかが重要な時代になってきたのです。

そんな時代に、ネットビジネスを理解せず、スマートフォンも使いこなそうとせずに、10年前と変わらぬ姿勢で「いや、それよりも人の気持ちだよ」などと言っていると、結果として「過去の人」になってしまう。こうして、かつて「優秀」と言われた人も、気づけば社内で一番使い物にならない存在にまで落ちてしまうこともあるのです。

・まずは、近い将来の自分の環境を想像してみよう

そんな場面でも、「優秀」である、つまり頭ひとつ抜けた、優れた存在であり続けるには、どうすべきか。

近い将来、たとえば来年の今ごろ、自分がどんな状況に置かれているかを考えてみることです。「うちの会社はこのままではやっていけないから、ＩＴ系の会社と一緒になるのではないか」「俺も東京に来て長いし、そろそろ地方転勤になってもおかしくない」「今の上司と一緒にやって10年が経った。そろそろ変わり時かも」……。

このように、今後自分がどのような環境で仕事をしていくのかを予測し、そのときに必要だと思われることを今のうちから準備しておくことが大事です。

Welch's word

事業というものは、もっともらしい計画や予測を立てるから成功するのではない。現実に起こっている変化を絶えず追いかけて、それにすばやく反応するから成功する。

私がリクルートにいたときは、**５年間隔で「優秀さ」の基準が変わっていた**ように思います。多かれ少なかれ、それはどこの会社でも言えることでしょう。５年間「優秀」でいるのはすごいことですが、５年経つとその「優秀さ」はなくなるかもしれない。それでも「優秀」であり続けたいのなら、変化を受け入れて次に向かうことです。

10 仕事を「やり切る」信頼感がある

仕事を任されたときに最も「優秀」と見なされる成果は、「期待以上の仕事をする」ことです。その次が、「期待通りの仕事をする」こと。少なくとも、評判が悪くなることはありません。**最悪なのは「やり切らない」こと**です。イエローカード、場合によってはレッドカードにもなりかねません。

最近、心が折れやすい若者が増えてきたとよく耳にします。任された仕事をやり切る自信がなく、途中で放り出してしまう。しかしそれは、本人の想像以上に周囲に迷惑をかける可能性があります。

やり切った仕事のクオリティがいまいちだった場合は、まだお互いに修正がききます。しかし、飲食店のバイトでシフトに入っていたのに来なかったり、約束した納期までに商品を届けなかったりと、途中で「ごめんなさい。やっぱり無理でした」と言われると、頼んだ側は結構しんどいものです。「やり切らないこと」を想定して人に仕事を頼んではいないからです。**「やり切らない」という結果を一度でも示すと、挽《ばん》回《かい》のしようがありません。**

たとえばレストランに行き、ステーキをレアで注文したとします。30分待って「すみません。食材がなくなってあなたの分が用意できませんでした」と言われたら、どう思いますか?

これが「すこし強めに焼いてしまい、レアではなくなってしまいました。すみませんがソースをサービスしますので、お許しください」となれば、文句を言いつつ食べるかもしれません。しかし、散々待たされたうえに頼んだ料理が出てこない。挙げ句、もし「次もぜひおいでください」と言われても、次回来店することはありえないですよね。

・「やり切る力」は優秀さの前提条件

「やり切らない」ことは、甚《はなは》だレッドカードに近いものです。そう考えると、「優秀」と呼ばれる人にとって、**仕事をやり切る力は「優秀さ」のベース(基本)というよりもむしろ前提条件**と言えます。

「無事之名馬《ぶじこれめいば》」という格言があります。能力がやや劣っていたとしても、無事に走り続ける馬を「優秀」だとする考えです。

仕事において「優秀」とされる人は、査定でいえば「S（極小）」「A（期待以上）」「B（普通）」「C（期待以下）」の「S」、つまり全体の上位3パーセントをすべての能力においてクリアしていると思われがちです。しかし実際は、「S」や「A」を出しつつ、「B」までにとどめていることが多い。「C」があったとしても、挽回して「A」や「S」に持っていく力があります。

ところが、**「C」でもなく「N（評価不能）」、つまり「やり切らない」経験が一度でも出てきてしまうと、それだけでアウト**です。たとえSがいくつあったとしても、その人物は「優秀」とは評価されません。

私は年に50本ほど、講演の仕事もしています。講演依頼を専門とする会社から、「今度、経営者の集いをやるので、基調講演をお願いします」といった依頼を受け、講演会場に赴くわけです。講演後、来場者はアンケートに答えます。「S（大変素晴らしかった）」「A（結構よかった）」「B（まあまあ）」「C（物足りない）」といった項目で講演内容を評価するのです。

Sがつくときもあれば、Aがつくときもある。Bのときもあるでしょう。その場合は講演者も反省し、「次はもっとこうしよう」と考えます。全体的にSの評価が多ければ「優秀」な講演者と見なされ、講演会社からは「次もまた頼みます」と言われるようになります。

しかし、そんな「優秀」な講演者が、講演当日に「すみません、行くのを忘れていました。二日酔いだったので」などと言ったりしたら？　次に頼まれることはないでしょう。

二日酔いであろうがなかろうが、行って講演を行うことが重要なのです。任された仕事をすっぽりと投げ出してしまうのは非常にまずい。仕事を長くやっている人なら、それは当たり前のことだとわかります。

しかし、まだ若く経験が浅いと「そうはいっても、前にSを2回取っているから、いいんじゃないですか？」と考える人もいます。それは大間違いです。

11 過去の成功体験は割り切って捨てている

仕事をする中で、成功した人の「武勇伝」を耳にすることがあります。「仕事の成功体験を皆の前で話してください」と請われて披露《ひろう》する人もいれば、自ら話し出す人もいます。

過去の失敗談であれば、何年経っても共通している部分があり、学べることも多いでしょう。後輩や仲間が同じ失敗をしないよう、「俺はこんな失敗をしたから、皆も気をつけろよ」と注意喚起することができます。

一方で、成功体験を聞くにつけ、感じることが2つあります。

ひとつは、よくよく聞いても成功した理由がわからないということです。成功理由をあまり分析しないまま話している人が多いので、自慢にしか聞こえません。

もうひとつは、**「その時代だから成功したのでは?」**ということ。「あのときはバブルだった」「当時は今と比べ物にならないほど本が売れていた」など、時代の後押しがあってこその成功体験と言わざるを得ない話が多いように思えるのです。

私自身、営業マン時代の話をしていると、よく「当時の成功体験を聞かせてください」と言われます。そこでふと考えるのです。「今の時代に活かせることなど、いったいいくつあるのだろう」と。

営業で売り上げをあげるために重要なことは、会社の経営者、つまりキーパーソンに会うことです。その一番簡単な方法は、「自宅に直接伺うこと」でした。自宅の前で待ち伏せするのです。可能であれば奥さんに名前を告げ、お宅にあがらせてもらう。そこで持参した手土産を渡し、その会社の社長をベタ褒めしていれば、気分を悪くする人はいません。

しかし、これを今の時代にやったら、どうでしょう？　面識のない会社の社長の自宅にいきなり押しかけ、家にあげてもらう。昔は実際にまかり通っていた手法ですが、今なら通報されてもやむなしでしょう。

一方で、新聞記者は今もこの手法で、政治家の家にあがっているといいます。「優秀」とされる記者は政治家の奥さんと仲良くなり、家に入れてもらうのです。営業においては「キーパーソンの家に行き、奥さんに取り入って家にあがる」という手法はすでにナシですが、政治記者の間ではいまだにアリなのです。

とはいえ、どこかのタイミングでそれがナシになり、共同記者会見でしか質問に答えてくれない時代が来たときに、「それでも俺は家に行く」と言う記者がいたとしたら？　その瞬間に「それはもう古いでしょ」と言われ、「優秀」という看板も剥奪されてしまうでしょう。

かつて生命保険会社で「優秀」とされた保険外交員たちは、毎日、取引先の会社の中まで入り、熱心にアメを置いていきました。アメに飽きてきたと思ったら、今度は本を持ってきて、星占いを始める。やがて勧誘される側も「毎日なんだか悪いな」と思うようになり、「1回くらいは保険の話も聞こうかな」という気になる。そうやって仕事を取る外交員が、当時は「勝ち」だったのです。

しかし、今の時代にそれを戦略としてやろうとしても、まず会社の中に入れてもらえません。外で出待ちをしなければならない。もう時代が違うのです。

こうなると、過去の成功体験そのものが古びて聞こえてしまいます。

「優秀」であることを裏づける成功体験は本来、今の時代に照らし合わせても、成功の理由が共通しているものです。**成功した理由が何なのかをきちんと踏まえておく**こと。

それが今でも同じように活用できるものであれば使う。**時代にそぐわない古いものであれば、その過去の成功体験ごと潔く捨て去る。もしくは忘れる。**これが重要です。

過去の成功体験を武勇伝として話す人は当然、「優秀」ではありません。古い過去にはきちんと決別していくこと。そして新たな立ち位置で勝負をして、勝つ。その積み重ねが「優秀さ」につながっていくのです。

変化はつらい。だが、ビジネスの世界では避けがたいことだ。あなたに残されているのは、名残惜しいだろうが過去に別れを告げることだけ。どのような賛辞が新聞を飾ろうが、昨日の新聞記事は、明日には魚を包む包装紙になり下がっているかもしれない。

Welch's word

この現実を常に念頭に置いておかなければなりません。過去に対する敬意は大切です。しかし、我々は過去に生きているのではありません。

「過去を捨てる勇気」を持ちましょう。

12 誰に対しても媚びない姿勢を貫く

「優秀」と認定されている人は、誰に対しても媚びないものです。会社でいう「媚びない」というのは、目上の人を立てなかったり、先輩に対して横柄《おうへい》な態度をとるということではありません。**「相手の持っている権力や権限に応じて態度を露骨に変えない」**という意味です。

では、なぜ彼らは「媚びない」でいられるか。それは**自分の仕事のやり方や考え方に、自信があるから**です。ブレない覚悟がある。

時と場合によっては、「媚びない」ことでささいな摩擦《まさつ》や対立が起きることもあります。しかし、それは「自分をきちんと持っている」ことの裏返しでもあります。結果、周りの目には間違いなく「優秀」に映ります。

「媚びる」とはそもそも、「相手に迎合しておもねる」（『広辞苑』より）、「他人に気に入られるような態度をとる」（『日本国語大辞典』より）という意味。会社においては、上司や役員、会社の方針に対し、自分の意見を持たずにただ従うことです。言われたことだけをやる。自分の考えがない状態と言えます。

周りに媚びて仕事をしている、つまり上から言われたことだけをやっているのでは、評価は「B（普通）」止まりです。予想通りの仕事はしたけど、期待以上にはならない。「C（期待以下）」にはならないけど、B以上にもならない。これでは、いつまで経っても「優秀」の称号は得られません。

一方、言われたことを自分なりに考え、よりよくしたり、自分なりのアイデアを入れたりして、「期待以上」に持っていくことができると、「優秀」と言われます。

Bを目指すのであれば「媚びる」という手があります。しかし、今この本を手に取っている皆さんは、「A（期待以上）を目指そう」「S（極小）の存在になりたい」と考えているのではないでしょうか。となると、媚びているだけでは可能性は見出せません。

「優秀」になるために、媚びは必要ありません。自分の考えに自信があり、ブレがなければ、その意見を通せばいいのです。

ただし、「全体のルールを守る」ことは大前提です。和食の店で働きながら、「俺はフレンチをつくりたいんだ」と言われても、周りが困るだけです。その会社ごとのルールやレギュレーションを守ったうえで、どれだけ自分を出していくかが重要なのです。

13 暗黙の前提条件をわかっている

中堅の食品商社で研修をしたときのこと。社員の中に、「僕はすごく『優秀』だ」と自負している人がいました。

その会社が取り扱っているのは穀物で、国内に7店舗を持つ専門商社。売り上げは700億円です。これを基に「新しい事業を考えてください」と言ったところ、彼はその前提条件を無視して「メキシコに会社をつくり、そこで商品を仕入れて、北米に売りましょう」と自信たっぷりに言い出したのです。

そもそも、その会社は国内にしか拠点がありません。それでも「まずはメキシコです」と言い張る。なぜなのかと思い、話を聞いてみると、彼自身が以前、有名な穀物商社のメキシコ支社で働いていたから、ということでした。

「優秀」と自覚する人の中には、こういった発言を無意識にする人がいます。中には自分の「優秀さ」を示すために、あえて前提を飛び越える人もいます。会社の前提条件を越えるくらい僕は「優秀」です、というわけです。しかし、それはいただけません。

ラーメンのチェーン店で、社長が「今の発想を捨て、新しい観点でプランを考えろ」と言ったとします。そこで、「明日からとんかつ屋をやりましょう」と提案する社員がいたとしたら？　社長からは「ちょっと待て、そもそもうちはラーメン屋だろ」と呆れられてしまいます。

最初に「ラーメン屋の範囲で考えて」とは誰も言いませんが、会社の、とくに上層部の間では、そういった**前提条件は暗黙知（経験や勘に基づく知識）となっていることが多い**。そんな中で、どれほど優れたとんかつ屋のプランを提示したとしても、会社からは「優秀」だとは言われないでしょう。

しかし、「優秀」を自負する人の中には、「うちの社長はバカだ。ラーメン前提だなんて聞いてない。『発想を変えろ』と言ったじゃないか」と言い出す人も。これでは真に「優秀」とは言えません。

前提条件があり、そのレギュレーションが明示されることもありますが、実際には暗黙知を前提とする場合が多くあります。そこに気をつけなくてはなりません。暗黙知だった場合、**「聞いてないよ」とは言わずに、「これはどういうレギュレーションで選ぶんだろう」と自分できちんと考える必要があります。**

そうしないことには、「優秀」と認められないどころか、「あいつはズレている」と言われるだけです。

14 根こそぎ違う「指導法」を提示できる

これまでの日本の会社では、指導者のほとんどが、かつて自分が上司や先輩たちから教えてもらった指導法を踏襲していました。しかし近年、日本の企業でもこの指導法が著しい変化を遂げつつあります。すこしずつではありますが、時代の変化に合わせて、世代や性別、価値観の違う人々が一緒に仕事をしていくために、指導法も変わってきているのです。

ありがちなのは「僕自身、若いころに体育会系で厳しく指導された。だから怒るべきときは怒るけど、ついてきてほしい」というタイプ。しかし、今の若い人たちは「俺についてこい」と言った瞬間に心が折れてしまう。伴走型でないと、ついてきてくれません。

同様に、「僕が若いころは、先輩にそこまで教えてもらえなかった」「昔はそんな細かいことまで言わなかった」「10年前は、いちいち一人ひとりと面談はしなかった」といった言い分も、最近では通用しなくなってきました。

指導者は、今、目の前にいる相手がどんな思考を持ち、どんな考え方をしているか、それを理解したうえで指導法を変えなくてはなりません。たとえそれが自分のやりたくないことであったり、自分のカラーに合わなくても、そこは目をつぶらないと。「自分のやりたいこと」ではなく、「世の中が求めていること」「必要とされていること」を基に考えるべきです。
「このチームはどうすれば成功するか」「どうしたら勝てるのか」ということを第一に、部下たちが最大限にやる気を出して成果をあげられる方法を考えるのです。自分の評価をあげることだけを考えているようでは、優秀な指導者とは言えません。

2015年の箱根駅伝で初優勝した青山学院大学の原晋《はらすすむ》監督は、元サラリーマンで駅伝経験はゼロという異色の経歴の持ち主です。かつて「伝説の営業マン」と呼ばれた監督は、「根性論だけでは、今の学生はついてこない」と古い考えを捨て、「人として自立させる」ことを指導理念に掲げました。そして「目標管理シート」を取り入れて目標の設定や管理を徹底させ、選手の自発的な成長を促し、見事チームを優勝に導いたのです。

このように、**新しい指導法を取り入れ、そのうえできちんと結果を出す人こそが「優秀」な指導者と言えます。**一方で、「前任の有名監督の指導法を引き継いで、今年も優勝しました」という監督がいたとしても、それはただ引き継いだだけで、彼自身が「優秀」とは言えません。

人は自分が学んできたバックグラウンドを重要視するあまり、他人に教えるときもそこから入りがちです。しかし、それはただの自己満足に過ぎません。過去に自分がやってきたこと、教えてもらってきたことを、まずは1回捨ててみる。**改善するのではなく、ゼロベースで考える**のです。

「優秀」と言われる人には、「目からウロコ」とも言える発想力がある。「すこし変える」のではなく、「根こそぎ変える」くらいの思い切りは必要でしょう。自分がこれまで学んできた仕事の仕方とは対極とも言えるような方法で、成果が出ることもあるでしょう。もちろん、レギュレーションやルールは守ったうえで、過去に縛られない斬新な指導法を提示し、それで成果をあげることが重要です。

とくに今、指導法が著しく変わりつつあるこのタイミングで、社内において新しい方法で成果をあげると、間違いなく「優秀」と認定されるでしょう。

CHAPTER 3

「優秀社員」に必要な、13のスキル

では、社内で「優秀」と言われる人になるためには、具体的に何をすべきか。第3章では、そのポイントを細かく見ていきましょう。

まず**大前提として、「優秀」と思われる存在になるためには、それなりの「努力」と「戦略」が必要**だということは念頭に置いておいてください。

人は優秀に生まれるのではなく、優秀になる

世の中で上手に出世し、偉くなっていく人や、大役に抜擢される人は、意外と**「ズル賢い」**と言われるタイプだったりします。私の周りにも、若くして大企業の重要な役職に抜擢された人がいますが、そういう人物に実際に会ったときに必ず感じるのは「この人は腹黒いな」という印象です。相手によって扱い方を選んでいるのです。

しかしその一方で、**相手に嫌われるようなことも絶対にしない**。会った人が、嫌な思いをすることもなければ、その人物を嫌うこともありません。自分の足を引っ張るような人物を、周りにつくらないのです。結果として、「腹黒い」人は社会でうまくやっていけるというわけです。

「優秀」な人というのはある意味、戦略的に行動していると言えます。ある程度のズル賢さや腹黒さは必要なのです。

もしかしたら、これから紹介する方法を実践するにあたり、「自分の性格には合わない」「今までの仕事のやり方とは違う」と違和を感じる人も中にはいるかもしれません。また、実際に行動してみて、周りから「あいつって、ズルくない？」「あの人って結構、腹黒いよね？」と思われるようなことも、起きるかもしれません。

しかしそれは、仕事をするうえで「優秀」と認定されるため、そして自分のやりたい仕事に新たに挑戦するためには、必要な要素と言えます。

仕事上でのあなたは、ある意味、今のあなたと違っていて当然なのです。**大事なのは、「『優秀』な人を演じる」こと。**会社では、勉強ができるかどうかで「優秀さ」をはかるわけではありません。何をもって「優秀さ」をはかるのか。それはあなたの「演じている姿」です。だからこそ、「優秀」な姿を演じてほしいのです。

プライベートでは忘れ物が多く天然で、どちらかというと「おバカ」なキャラかもしれません。それでも結構。ただし仕事においては、自分が「優秀」な社員であるように振る舞い、演じること。それが自分にとってはプラスになると思って実行してみてください。極端な話、仕事をするときは「別人格」でも構わないのです。

1 発想▶自分は運がいいと思い込む

仕事をしていると当然、うまくいかないときもあれば、上司から怒られてさらに落ち込むこともあります。

あなたが落ち込んでいる姿を見せたとき、周りに喜ぶ人はいるでしょうか。もしいるとしたら、それはあなたの足を引っ張りたいと思っている人か、あるいは自分もうまくいっておらず、「僕と同じだ」と安心したがっている人です。いずれにせよ、あまりいい環境に恵まれているとは言えません。

もし自分が周りから「優秀」と思ってもらいたいのであれば、**何があろうと常に「自分はいつも運がいい」と思い込み、前向きな姿勢でポジティブな思考を積極的に発信していくことが重要**です。「自分は運がいい」と思っている人に対して、周囲は悪い印象を持たないものです。

人間には誰しも「勝ち馬に乗りたい」という意識があります。「最近、なんだか運が悪くて……。パソコンが急に壊れちゃったと思ったら、昨日は僕が交通事故に遭いそうになって、しかもペットのネコが行方不明で……」という人と、一緒にいたいと思うでしょうか。誰だって、運が悪い人よりも、運のいい人と一緒にいたいと普通は思いますよね？　運のいい人のそばにいて「自分も巻き込んでもらいたい」「おこぼれに与《あずか》りたい」と思うものです。

そのためにも、「自分は運がいい」ということを、日頃からポジティブに発信すべきです。

「運がいい」というのは、「おみくじで大吉を引いた」といった単純なことではなく、その理由も簡単に分析できるものではありません。しかし考えようによっては、「運がいい」ことは実は**周りの人や環境に恵まれていることの裏返し**とも言えます。

たとえば、自分にいい仕事が舞い込み、それを成功させた場合。「ほかにもっと適任者がいたかもしれないけれど、上司が自分を推してくれて、担当に選んでもらえた」「チームの皆に助けてもらったおかげで、仕事もうまくいった」となれば、それは周りに支えられていることの何よりの証《あかし》となります。

早い話が、謙遜《けんそん》することです。「すべて俺の実力だ」と言うのではなく、「僕は本当に運がいい。自分でなくてもよかった仕事を上司に任せてもらえて、仕事をさせていただくチャンスをもらえたんだから」「ピンチのときも、周りが助けてくれて、どうにかうまく仕事を終えることができた」「彼がいなかったら、あの仕事はどうなっていたかわからない。彼が同じチームにいてくれて、僕は本当に運がいい男だ」と考え、それをきちんと自分の言葉で発信する。**「自分はたいしたことをしていないけれど、めぐり合わせがよかった」ということをアピールする**のです。

すると、それを聞いた周りの人も「この人と一緒に仕事をすれば、うまくいくんじゃないか」「私もこの人みたいに運がよくなりたい」と思うはずです。

「自分は運がいい」ということは、「自分だけ運がいい」のではなく、「自分を含めた周りも運がいい」ということになる。結局、仲間や同僚、チームのメンバーをいい流れに巻き込むことになるわけです。

いい仲間や職場に恵まれていること、周囲が非常に恵まれた環境であることを対外的に示せば、結果としてよりプラスな物事が舞い込んでくる可能性が高いものです。

だからこそ、仕事をする中で「自分は運がいい」ということを、事あるごとに口に出し、意図的に発信してみることをおすすめします。

2 表明 「何か一言お願いします」は大チャンスと心得る

社会人ともなると、「何か一言お願いします」と言われるときがあります。会社の社長など常に何かを発信する立場の人であれば、そういったアナウンスの機会にも慣れており、普段から「一言」のネタを考えストックしているでしょう。

しかし、一般の社員として働いている分には、発言をする機会は普段ほとんどありません。そんな折、突然「ちょっと一言」と無茶振りされたら、皆さんはどうしますか？

たとえば会議が膠着《こうちゃく》したとき、上司から「参考までに、君の意見を聞かせてくれ」と見解を求められたら？　あるいは会合の最後に急遽、「部長が来られなくなったので、代わりに締めの一言をお願いします」と言われたら？

このように、**大勢の前で自分の言葉を発信する機会は、突然やってくることがあります。**

私がまだ若い営業管理職だったときのこと。当時の部門長である上司が、突然入院してしまったことがありました。そこで、もともと予定されていた記者会見で、マスコミ相手に私が代わりに答えることになったのです。目の前に記者がズラリと並ぶ中、「一言お願いします」というわけです。大なり小なり、こういうことは誰にでも突然、やってきます。

そのときに「私ではなく、ほかの人に……」と振ってしまうのは、あまりにももったいない話です。「僭越《せんえつ》ですが」「私でいいんですか」と謙虚さは保ちつつも、しかと受けて立ちましょう。それこそ、**自分の「優秀さ」をアピールする決定的なチャンスです。**絶対に、逃してはいけません。

大事なことは、常日頃からそういう場面が訪れることを想定したうえで、準備をしておくことです。そして、実際にアナウンス機会が訪れたときには、それを「チャンス」と受け止め、絶対に断らないこと。さらに、何を話すにしても、自信を持って堂々と話すことです。

そのときに、自分の考えを自分自身の言葉で話すことも、とても重要だと思います。「孔子いわく……」と、人の名言を引用する人もいますが、それはひとまず置いておいて、まずは「自分は今、こう思っている」ということを、自分の言葉で話すようにしましょう。

また、謙虚さは必要ですが、いざアナウンスの場面で「私など、全然まだまだですが……」「甚だ僭越ながら、私のような若輩者がここでお話をすること自体、本当に申し訳ないと思っておりまして……」などと言われると、聞かされる側としてもあまり気分のいいものではありません。謙虚な姿勢は見せつつも、自分を卑下する必要はまったくない。むしろ自信を持って堂々と自分の意見を表明すれば、発言の中身がどうであれ、評価はされるものです。

人が話すとき、発する言葉やメッセージそのものよりも、その際の口調や表情が聞き手に影響を与えると言われています。俗にいう「メラビアンの法則」です。要するに、**人が話すときには、その内容よりも態度が重要**ということです。

また、そもそも聞いている側も、話の内容は数パーセントしか覚えていないものです。オドオドと自信なさげに話していると、言っていることがどんなに正しくても、ごもっともに聞こえない。ところが、身振り手振りを使って自信満々に話していると、その内容までもが説得力のあるものに聞こえてしまうから不思議なものです。

大事なのは、自分に与えられたチャンスを断らないこと。そして、堂々と自信を持って話す態度を示すことです。

3 発言▼社外人脈をひけらかすみっともなさを知る

同僚と話していて、こんな場面に遭遇したことはありませんか？

あなたの取引先の会社について、「そうそう、君の担当しているA社の社長と先日たまたま飲み屋で会って、今とても仲良くしているんだよね」と言われたり、「君の得意先のB社だけど、僕の大学時代のサークルの先輩がいて、直接いつでも話せる関係にあるんだ」と言われたり。そんなとき、あなたはどう思うでしょうか？

このような形で、自分が社外に幅広い人脈を持っていることをアピールしてくる人が、あなたの周りにもいるかもしれません。「私、こんなに仕事ができますよ」と言わんばかりに。

受け手がちょうどその社長に会いたくて人脈を探していたときなど、場合によってはそれを活かせることもあります。しかし、何の脈絡もなくただ「僕はA社の社長と仲がいいんだよ」と言われたところで、たいていの場合は言われた側も「だから何?」となるのが普通でしょう。

このように、**人脈が活かせる場面ではないところで、ただそれをひけらかす行為は、周りから見てあまり気持ちのよいものではありません。**

「A社の社長を知ってる?」と聞かれ、「実はひょんなきっかけで知り合って、仲良くさせてもらってるんだ。なんならつなげられるよ」となったときにようやく、社外人脈は活きてくるものです。その人脈を使うわけでもなく、知っていることだけをアピールするのは、周りから見ても心地がよくない。それどころか、場合によっては「人脈づくりにばかり精を出して、肝心の仕事をちゃんとやってないんじゃないの?」と反感を買ってしまうこともあるでしょう。

世の中の会社というのは比較的、内向き志向であることが多いもの。社外人脈が広いということは、「あいつはいつも社外の人間とチャラチャラ遊んでいる」と、むしろマイナスのイメージを持たれる危険性も高いのです。

社外に豊富な人脈があることが、仕事において重要であることは否定しません。しかし、それを活かせる場面ではないところで「その会社の社長を知っている」とか「その人は僕も面識があるよ」と言うのは、むしろ避けるべきことと言えます。

周りの人間が、自分の持っている社外人脈を本当に求めているかどうか。それを使うことで、周りの仕事がうまくいくかどうか。社外人脈とは、それを見極めたうえで行使すべきものです。それ以外の部分では、お気軽に使うカードではないことを認識しておきましょう。

4 調査▶経営陣の「テーマ」をきちんと押さえよう

会社というものは常に、戦略や経営方針を掲げているものです。当然、経営陣が変われば、方針も変わります。

景気の悪い時期は経営陣も「とにかく売り上げだ。今の事業で収益をあげなければダメだ」と言っていたのが、景気が良くなると「今の仕事だけでなく、新しい仕事にもっと挑戦していこう」と言い出したりする。このように、会社では経営陣の方針が振り子のように大きく振れる可能性があります。

経営陣にはその時々で、重要だと考えているテーマがあります。私がリクルートにいたときは、会社の業績を伸ばしたいというのが経営陣の考えでした。「新しいことにどんどん挑戦しよう」というのが社内の共通テーマであり、そうすることが重要だと言われていました。

その後、ネットの台頭とともに、それまでのビジネスモデルが崩れ始めました。そうなると、今度は「過去の成功体験に固執しない」という風潮が生まれます。それでもなお、「20年前には……」などと過去の成功をひけらかしている人は、非常にカッコ悪く映ります。それは「優秀」の真逆であり、むしろ「負の遺産」とも言えます。

「優秀」と言われる人になるには、**今現在、経営者が発信している重要なキーワードをきちんと押さえること。そして、日頃からそのキーワードを意識して活動すること**です。

経営陣は社内のみならず、あちらこちらで日頃からメッセージを発信しています。中には、社員である自分に直接届かないこともあるでしょう。「取引先のパンフレットを見たら、うちの社長がこんなことを話していた」「うちの営業の役員が、取引先の祝辞で『グローバル』という言葉を使っていたようだ」など、自分のテリトリー以外でのサインも見逃さないことが大事です。

たとえば、社長がある日突然「社内での公用語を英語にする」と発表したとします。しかし社長の頭の中では、おそらく数年前からその考えがあったはずですし、行動や発言の端々にもそれにまつわるサインが現れていたはずです。

「優秀」と言われる人は、いち早くそれを察知し、その時点で英語の勉強を自発的に始めるでしょう。一方で、いざ英語が公用語になってからも、「ここは日本なんだから、英語なんて意味ないじゃん」と言っている人は、結果的に大きく取り残されてしまう。

そういうことがないように、**経営陣が日頃発信している言葉の中で、重要と思えるキーワードをチェックしておく**ことです。

また、経営者には経営方針だけでなく、仕事をするうえでなんらかの「こだわり」

が必ずあるものです。それはなぜか。経営者は物事を判断する機会が多く、基準がないとやっていけないからです。

「この商売をやるか、やらないか」「本社は新宿にするか、銀座にするか」、はたまた「この人を採るか、採らないか」となったときに、「なんとなく決める」ということはまずありません。「うちの会社はこれからグローバル路線でいくから、英語のできる人が必要だ。海外留学経験のある彼を採用しよう」と、経営者なりの「こだわり」が必ず反映されるものです。

自分が何をしたいかではなく、会社が何を目指しているかを理解し、その一員として行動していく。その意識を持つことがとても重要です。

5 視点▼意識すべきは自分の「のびしろ」

これまで自分がやってきた仕事を極めることで能力を高めるのは、とても重要なことです。しかし、世の中で「優秀」と言われるには、実は**「のびしろがあるかどう**

か」が重要なポイントとなります。

「のびしろ」とは、「今までやったことのない未知の仕事であっても、前向きに取り組み、やり遂げるポテンシャルがある」「難しい仕事を任せても、やってくれるのではないかと期待できる」ということ。要するに、まだこの先も伸びる可能性を秘めているということです。

失敗もするけれど、それをあらためればもっとよくなる。その可能性のある人間は、上から見ても「面白い」存在であり、「優秀」と見られます。

与えられた時間を目いっぱい使って、「精いっぱいやっています。もうこれ以上は無理です」と言う人は、周りから見てもただ「十分やっている、頑張っている人」としか映りません。それはそれで評価はされますが、「優秀」と言われることはありません。

「のびしろがある」ということは、まだまだ「抜け」があることを意味しています。失敗しても、それを改善すればうまくいくかもしれない。新しいことであっても、挑戦すればできる度量がある。そういうことです。

そして**何より大事なのは、そういった「のびしろ」を持っていると自分自身が思っ**

ているかどうか、という点です。

「自分の担当している仕事でいっぱいいっぱいで、これ以上新しいことを任されても無理です」「今のやり方でうまく回っているのに、これ以上何を望むのでしょうか」と言うのは間違いです。目の前の仕事にばかり固執しても、何も生まれません。

自分の中にはまだ不十分な個所がたくさんあり、それを直せばまだ成長の余地がある。新しい仕事を任せてもらうことは、むしろ嬉しい。そう思えることが、「のびしろ」なのです。

たとえば、日本のプロ野球界で結果を残した選手が、「今でもう十分です。120点満点です。自分としては大満足です」という発言をしたら「そこまでの選手だな」となりますが、「まだまだ厳しいですね。点数でいえば60点です」と言うと、メジャーリーグにも挑戦できるんじゃないかと期待が膨《ふく》らむでしょう。

実際にどうなのかはさておき、「まだまだ自分は成長途中です。今日も課題を見つけました」と言う人がいたら、周りも「もっと伸びる余地があるのか！」と期待を込められますよね。

「のびしろ」がないと、さらに上の層の仕事を任せられません。**実際にできるか、で**

きないかが問題ではありません。「まだのびしろがある」という意識を自分で持ち、そういった言葉を発することが大事です。そうすることで、自分の中でも可能性を感じられ、新しい取り組みができるようになるのです。

まずは自分ののびしろを「意識」することから始めましょう。

6 交友 ▶ 大きな動向をつかむには、役員秘書から

最近では社内で起きているできごとを比較的オープンに開示して見せようとする会社が増えてきました。経営会議で決まった内容、たとえば「今後の新規事業はAとBに決まりました」「新しく工場を建てることになりました」といった情報も、社内をガラス張りにし、できるだけオープンにしていこうという傾向があります。となると社員としては、自分も役員クラスとほぼ同量の社内情報を把握していると思うかもしれません。

しかし、それは大きな間違いです。**会社の中ではいまだに、「役員だけ」とか「部**

長まで」など、階層によって遮断されている情報が結構あります。株価に影響することだったり、まだ決定事項ではないので広がるとまずいことだったり。万一、社外に漏れると問題になるような情報は、一般社員には降りてきません。

これは実際に私が体験したことですが、ある会社で新しいサイトが立ち上がった当日に、経営会議で1年後にそのサイトを閉鎖することが決まりました。現場ではサイトの立ち上げを祝して「おめでとう！」なんて皆でパーティーをしている。中には目をキラキラ輝かせながら「私が責任を持って、この事業を3年後にはもっと大きくしてみせます！」なんて言う人も。しかし酷な話ですが、それは絶対にありえないと役員たちは知っているのです。

そんな中で、役員が「誰にも言うなよ」と釘を刺しながら「この部門を別会社に売ることが決まったから、1年後にはサイトもなくなるよ」とひとりの社員に言ったとしたら？

世の中は、「絶対に口外してはいけない」ことほど広まるもの。早々にバレてしまうのがオチです。当然、経営陣もそんなことは承知の上です。だからこそ、情報を伝える階層をきちんと区切っているわけです。

このように、役員だけしか知らないこと、役員だけで動いていることは、結構あります。そういった情報をいち早く知るには、役員と直接接触して、話を聞くのが一番です。

かといって、役員と仲良くしたり、社長と接点を持つことは、現実的には難しいもの。さらに経営陣は、それも上層部になればなるほど、本当のことを言わないものです。

社長ともなれば、まず本当のことは言いません。たとえ「社長、うちの会社は今後どうなるんですか？　中国の事業を撤退するという噂がありますが、それは本当ですか？」と聞けたとしても、社長が「そうなんだよ、ほかの奴には言うなよ」なんて答えることはありえません。**情報が漏れるのはたいてい、その周りから。**世の中、そういうものなのです。

・どうすれば役員秘書と仲良くなれるのか？

では、**いち社員として、会社の動向をどう察知したらよいのか。**

ここでポイントとなるのは、**役員秘書**です。秘書たちは、担当役員の動きを把握しています。もちろん、聞いたところで、すべては教えてくれません。しかし、役員秘書と日頃から接点を持っていれば、会社の今後の動向が見えてくることがあります。

たとえば何気ない世間話の中で、秘書の口から「うちの部長が最近、常務や社長としょっちゅう会議をしていて、深刻な顔をして戻ってくるの。その後のスケジュールが押さえられないから、私も飲みに行きたいんだけど時間がとれなくて」という話が出たとします。となると、社内で何か重大な事態が起きていることが想像できます。

また、「うちの役員は最近、インドへの出張が多いんですよ」という話が出たとします。しかし、その時点でインドに拠点がなかった場合、「もしかして、海外と事業提携しようと動いているのかな」と予測できます。

同様に、「実はうちの会社、来年ほかの会社と資本提携して外資になるよ」とは絶対に教えてくれませんが、秘書との会話の流れをたどっていくうちに「うちの会社は、明らかにほかの会社と資本提携を結びたがっているな」ということが見えてくることもある。

このように、**役員秘書と仲良くしていれば、極秘の情報までわからなくても、大きな流れを予見することはできます。**

それでは、どのようにして秘書と仲良くなるか。方法はいくつかあります。

一番自然なのは、仕事絡みの話題で話しかけること。「取引先との打ち合わせに同席してほしいから、役員のスケジュールを教えてくれませんか」と声をかけ、それを機に仲良くなる。スケジュールを教えてもらったお礼に、次はお菓子を持っていって話をしてもいいし、折をみて飲みに誘うのもいいでしょう。

会社の経営理念や経営哲学などは社長から学べますが、今後の方針は誰も教えてくれません。しかし、秘書はそれを把握しています。**会社の今後の動きを見ようとするのであれば、まずは役員秘書と仲良くなる機会をつくりましょう。**

7 分析▶幹部の敵対関係を押さえ、地雷を避ける

会社という場においては、時代劇のように複雑な人間関係が存在しているものです。たとえば、かつて上司と部下の関係だったときに大ゲンカした2人が、今現在、役員として並んでいることもあれば、仕事における考え方がまったく違っていて、常

に議論を戦わせている幹部同士がいたりもします。

彼らは人間としてどうこうというよりも、**仕事の仕方や考え方に大きな違いがあり、それゆえ対立していることが多い**ものです。政治家でいうと、自民党総裁の安倍晋三首相と、民主党の岡田克也代表は、どちらも「お坊ちゃん育ち」という共通点がありますす。そんな2人がプライベートの飲みの席で会ったなら、話が合うかもしれません。しかし、政党のトップとしては、むしろ意見が対立することのほうが多い。仕事上では、お互いを「あいつ、いい奴だよね」とは言えないわけです。

このように、仕事上で敵対関係になっている人は、社内に必ずいるものです。

よくあるのはセクショナリズム（縄張り主義）による対立構造。自分の部署がかわいいあまり、ほかの部署を貶《おとし》めるというパターンです。たとえば、営業部長が「ウチがいくら売り上げをあげても、管理部門がそれに対してコストダウンを要求してくる。あいつら、仕事がやりづらくなるようなルールを設定しやがって」と、管理部門を目の敵《かたき》にするのもそうでしょう。あるいは個人間でいえば、「応援するよ」と言ってくれた人に、会議で「それは違うでしょう」と掌《てのひら》を返されることもあるでしょう。

そういった経緯から、役員が「こいつだけは許したくない」と腹の中で思っていながらも、職場では平静を装っている場合があるので、非常に厄介です。

そのような状況下で、役員Aに「お前は、社内で誰を尊敬しているんだ?」と聞かれたとします。万一、その役員と敵対関係にある役員Bの名を出し、「考え方がグローバルで、うちの会社を大きく変えてくれる存在だと思います」などと持ち上げてしまったら、どうなるか。あるいは、会話の中で何の気もなしに「先日、B役員とお仕事でお会いしたのですが、あの方は本当に立派な方ですね」と言ってしまったら……?

「へえ、そう思ってるんだ」と言われて終わりです。それ以降、役員Aからあなたに声がかかることはありません。当然ながら、役員Aは「俺はBのことが大嫌いなんだ」とは教えてくれません。ただ、腹の中で「お前はBの派閥の奴だな」と烙印《らくいん》を押されてしまう。何気ない一言が仇《あだ》となり、役員Aからお払い箱にされてしまうのです。

また、社内でCとDという2人が人知れず敵対関係にあった場合。

Cから「Dさんって、知ってる?」と聞かれたとします。「どんな人だと思う?」という話になって、「Dさんには一番お世話になったと言っても過言ではないです。

たいへん尊敬していますし、Dさんに何かあればいつでも駆けつけるつもりです」と、思っていることを正直に口にしたら？

Cは「そうなんだ。じゃあ、俺のことはどう思ってるの？」とは聞いてきません。「わかった、君はD側の人間なんだね」と思われて終了です。

だからといって、悪口を言えというわけではありません。「Dさんはちょっと性格が……」とネガティブな発言をしてDを落とすことで、Cを持ち上げればいいと考えるかもしれませんが、それは間違いです。それを聞いたCは「Dに同じ質問をされたら、同じように『Cさんはちょっと……』とか言うんだろうな」「こいつはきっと、あちこちでいい顔をして、悪口をまき散らしているんだろう」と思われてしまいます。

こういうときは、**「Dさんは立派な方だと思いますが、まだそこまでお付き合いがないので、くわしいことはわからないです」**と言えばいい。そう言われたら、相手も「ああ、そうなんだ」と言って終わりです。それ以上は詮索《せんさく》してきません。

・仕事上の対立は、触らぬ神に祟りなし

仕事という大きなくくりの中で、表面上は普通に付き合っていても、心の中では

「あいつは絶対に許すものか」「いつか足をすくってやろう」と思いながら一緒に仕事をしている人は意外といるものです。もはや「話せばわかる」などという次元ではなく、間に入って仲良くさせるなんてことは誰にも求められていません。

あなたがすべきことは、少なくとも社内の敵対関係を押さえておくこと。そして誰かと話すとき、その相手と仲の悪い人の名前を絶対に口にしないこと。その地雷を踏まないことです。何かを聞かれても、他人についてあえて細かいことを言う必要はありません。**触らぬ神に祟りなし**です。

8 依頼 ▶ トラブル対応で上司を喜ばせる技術

「上司はトラブルに使うツールだ」とよく言います。何かトラブルが起きたときに、クレーム処理を一緒にしてもらう。自分では処理できない、またはうまくいかないときに助けてもらう。そんな頼もしい存在です。

上司としても、部下に頼られるのはやぶさかではありません。たとえそれがトラブル処理であっても、自分が行くことでトラブルが収まるのであれば、なおさらです。

部下の失敗によって取引先を怒らせてしまった。そこへ上司として付き添い、きちんと対応したら先方の怒りが収まった。そうなると、上司は「俺のトラブル処理を見て、勉強になっただろ?」と部下に対して得意になれます。さらに、「俺ってすごいな」と思う反面、「この場面で俺を使ったあいつもなかなかやるじゃないか」と、部下への評価もアップする。

一方で、もし自分が行ったところで、状況が何も変わらなかったとしたら?

部下の謝罪について行ったのに、先方に聞く耳を持ってもらえず、さんざん罵倒されて土下座しても何も変わらなかったとしたら、上司も「もう二度とこいつには付き合いたくない」と思うはずです。

もちろん、そうは言っても上司も仕事だから付き合うでしょうが、その部下に対する評価は著しく落ちるはずです。

このように、「上司をトラブルに使う」といっても、トラブルが解消できる見込みがある場面で使うのと、上司が行こうが行くまいが明らかに先方の怒りが収まらない状態で使うのとでは、まったく効果が違います。

トラブルを止められる場面において上司をうまく使うことで「花を持たせる」部下と、**トラブルを止められそうにないのに体面上連れて行って、結果「顔に泥を塗る」部下**。上司が、どちらの部下に「上司の使い方の上手さ」を感じ、どちらを「優秀」と思うかは、一目瞭然ですね。

優秀な人は、上司を使って「仕事を前に進める」という形をつくります。上司というカードをうまく使いながら、上司との共同作業によって仕事を前に進めていく。それを上司に体感させることによって、その人は「優秀」と思われるわけです。

自分が成し遂げた仕事であっても、手柄を独り占めしてはいけません。周りの人にその手柄を分けること。**自分の分け前を、上司にも分けてあげる**ことです。その度量の広さがあると、結果として高い評価を得ることができる。周りから見たときに「優秀」と思われる要素となります。

そういった意味では、仮に自分ひとりでトラブルを収められる状況であっても、上司を連れて行き、「上司のおかげで仕事がうまく進んだ」という形をつくることが重要です。

手柄を分けられる場面をうまく利用して、自分の「優秀さ」をアピールすることも、時には必要と言えるでしょう。

9 成果 ひとりではなく、チームで成功させる

前述の「上司をトラブルに使う」にも通じますが、**「自分ひとりで仕事をしない」**という意識を持つことは非常に重要です。拙著『無茶振りの技術』（日経プレミアシリーズ）でも再三触れた通り、自分ひとりでできる仕事があったとしても、上手に役割分担をして、いろいろな人に仕事を任せるようにしたいものです。

チームで成果をあげ、終わったときに「一緒にやってよかったね」とたたえ合えるような結果になれば、関わった人たちも「この人が持ってきた仕事を一緒にやってうまくいった。この人は優秀だ」とわかるわけです。成功したチームのリーダーを「あいつはバカだ」と言う仲間は、まずいない。たいていの人は、自分のリーダーを「優秀」と思うものです。よほどの人でない限り、「俺がやったほうがよかった」とは思いません。

リーダーは個人の業績如何《いかん》で判断されるわけではない。リーダーの良し悪しが判断されるのは社員を採用し、一人一人の社員、チーム全体を等しくコーチングし、やる気を起こさせるかどうかだ。

Welch's word

大事なのは、自分が見つけてきた仕事を、チームを組んで取り組み、一緒に喜び合えるような成功へと導くことです。その場合、仲間たちは間違いなく、「成功のきっかけをつくった人」として評価してくれます。それをくり返すことで、周りの人は「あの人と仕事をすると絶対にうまくいく」とわかる。こういう人が「優秀」と呼ばれるのです。

社内で人を巻き込んで仕事を成功させている人は、社内的な評価も高いものです。

逆に、社内で人を巻き込まずひとりで仕事をしている人は、仕事がうまくいってい
たとしても、問題が生じます。

ひとつは、**仕事が成功してもその具体的な中身は本人以外誰にもわからず、社内で関心を持たれにくい**ということ。たくさんの人が関わっている仕事であれば、「あの仕事をやってよかった」といろんな人が発言し、社内でその仕事の中身が伝わっていきます。しかし、周りに関係者がいないと、人知れず成功して終わり、となりかねません。

もうひとつは、**ひとりで成功させた仕事は妬まれやすい**ということ。「あいつしかできない」「あいつだからできた」と言われるような成功をひとりで成し遂げると、社内で孤立する可能性があります。

「俺、仕事でうまくいって社長賞をもらったから、俺のおごりで飲みに行こう」と言われるのと、「皆で一緒にやってうまくいったから、皆で飲みに行こう」と言われるのとでは、受け手としても全然印象が違いますよね。すこしでも自分がその成功に噛んでいて、「君がいてくれたからだよ」と言われるほうが、誰だって気分がいいものです。

フィギュアスケートのような個人競技であっても、選手ひとりでやっているわけではありません。コーチがいて、トレーナーや振付師もいる。好成績を出せば、選手は「支えてくれたスタッフのおかげです」と周囲にきちんと感謝を示し、皆で喜びを分かち合います。そこで「私が、私が……」と自分の功績ばかりをアピールする選手は、周りから愛されません。能力は高いかもしれないけれど、「優秀」と言われることはないでしょう。

同様に、たくさんの人を巻き込みながらプロジェクトを成功させたリーダーが、「皆のおかげだよ」と言えば、関わった人たちもその成功についてあちこちでしゃべってくれる。結果として、周りから「優秀」と認定されるというわけです。

そういう意味でも、**「チームとして成功すること」が大事**なのです。仮にひとりでできる仕事であったとしても、できるだけチームで成功が分かち合えるような状況をつくっていくこと。**マラソンをしていて、「このままひとりでもゴールできる」と思っても、最後は皆で一緒に手をつないでゴールする。その余裕が必要です。**

10 調整 ▶ 人の強みを立てる、いいパスを出す

仕事をする中で、本当は「もの申したい」けれど、訳あって黙っている人は結構います。しかし、仕事を進める過程においては、できるだけ多くの人から意見を聞くことが必要となります。

そこで、**自ら発言する人だけに意見を求めるのではなく、発言しない人にも話を振り、物事がスムーズに運ぶよう導くファシリテーション力が必要**となります。

たとえば会議中、Aさんが一言も発言せず、黙っていたとします。こんなとき、一番手っ取り早いのは、「Aさんはどう思いますか?」とストレートに聞く方法。しかし、言いたいことがあってもうまく整理できていなかったり、自分の立ち位置をうまく伝えられなかったりする人は意外と多いものです。また、「これ、言ってもいいのかな?」「賛成か反対かはハッキリと言いたくないな」という思いから、黙っている人もいるでしょう。

そういう場合は、「Aさんはこれまで広報を担当してきて、その立場からこの件については感じることもあると思うのですが……」といった具合に、**その人の強みをうまく立てながら意見を求める方法が効果的**です。

振られた側も、「自分はこういう立ち位置でしゃべればいいんだ」とわかると、話しやすくなる。きちんとお膳立てしてあげることで、「では、その立場から言わせてもらいます」という流れが自然とできあがります。

同様に、ただ漠然と「東京はどうですか？」と聞いても、「いや〜、まだわからないですね」という答えしか得られないかもしれません。そこを、「関西でのご経験が長いと思いますが、そういう観点から見ると東京はどうですか？」と聞けば、「たしかに、私も京都にいた期間が長いので、東京と京都の違いは結構わかっているつもりなんですが……」と話が展開していくこともあります。

このように、**立ち位置をうまく設定してあげて、「どうですか？」とパスを出す**。こうしたファシリテーション力を磨くことが大事なのです。

人にはそれぞれの立ち位置があります。その立ち位置から、人それぞれが思っていることをきっちりと引き出してあげることが、「優秀」な人の役割のひとつと言えます。

11 戦略▼ネガティブ発言をいなすセンスを磨け

会社で物事を決めるとき、大半の人が賛成していたとしても、何かしらマイナス意見は出るものです。「過去にこういう悪い失敗例もありますが、本当に大丈夫ですか？」といったネガティブな発言で足を引っ張る人が、少なからず存在します。

しかし、そこには多少なりとも目をつぶらないと、最終的に決まるものも決まりません。ここで重要なのは、**こうしたネガティブな意見を黙殺することではなく、「そういう考え方もあるけれど、ひとまずやってみましょう」と先に推し進める**ことです。

たとえば役員を選出する場合。「Aは仕事ができるから役員にしよう」という意見が大半を占める中で、「Aは腹黒いから、役員にしてはいけない」という少数意見があったとします。

ネガティブな発言というものは、どこにでも存在します。たとえそのネガティブ発

でしょ？　ほかの皆がこう言っているのに、どうしてひとりだけそういうことを言うんですか？」と言って、少数意見を力ずくで握り潰すのはいただけません。

そこでの正しい対応は、**少数意見を尊重しつつ、限られた時間の中で、あるべき方向へと総意を向かわせる**ことです。「Aの振る舞いにはまだまだ問題があるのはわかっている。問題点については、今後直してもらったほうがいいだろう。それも踏まえたうえで、Aに任せてみよう」と持っていくことが重要です。

ここで絶対に避けたいのは、ネガティブな発言をする社員に対して、「お前、バカなんじゃないの」「そんな考え方をしていたら、この会社が終わっちゃうよ」と頭ごなしに否定することです。というのも、ネガティブな発言に対して、「それも一理あるかもしれない」と支持する人も中にはいるからです。

そんな中で、真っ向から「俺的には、あいつは絶対におかしいと思う」「ああいう人間がいること自体、この会社にとっての損失だ」などと全否定してしまうと、「ちょっとそれは違うんじゃないの」「そこまで言ったら、かわいそうじゃないですか」という反発が生まれかねません。

また、頭ごなしに否定しなくとも、ロジックをもって叩き潰すようでは、いくら仕事ができたとしても「どうしてそう細かいことにピリピリするんだろう?」「人として器が小さいな」と思われるだけです。その姿が露骨に見えれば見えるほど、「優秀」から遠ざかっていきます。

そもそもネガティブな発言は、世論によって黙殺されたり、自然に淘汰《とうた》されるものです。それに対して、いちいち目くじらを立てる必要はありません。ネガティブな発言やマイナーな意見が出た場合は、**自分の意見を主張して力でねじ伏せるのではなく、周りの意見を聞きながら進めていく**という意識が必要です。

叩き潰すのではなく、そういう意見があるという事実をいったん受け止めたうえで(もちろん迎合してはいけませんが)、決めるときは決める。白か黒かを決めなければいけないときに、「白い意見に黒をひとつ置いておこうか」ではなく、「どっちかに決めなければいけないのなら、どう行動すべきか」を考え、実行する。

「優秀な」人には、そういったセンスも必要なのです。

12 方針▼社内人事に対する発言は愚の骨頂

会社の中で、明らかに「左遷《させん》」、または「えこひいき」と思える人事異動が発生することがあります。社内では、そういった人事の動きに対して、裏事情を詮索したり、噂をしたがる人が必ずいます。しかし、そのような人が出世した例を、私はこれまで見たことがありません。

「人事に口なし」とはよく言いますが、異動の理由を聞くことは禁じ手とされています。たとえば営業のAさんが大阪に異動になったとして、そこにはさまざまな事情が存在します。本人は「大阪の営業を強化したいから」と言われたとしても、実のところは「大阪で社員が1人辞めて人手が足らない。かといって東京本社の優秀な人材は回せないから、いなくなっても影響の少ないAにした」ということだってあります。

このように、「本当の理由」は必ずありますが、本人のためを思って伝えないことが多いものです。

会社では、さまざまな人間関係やパワーゲーム、その他いろいろな合わせ技によって人事が決まります。と同時に、「社員一人ひとりにとって、幸せな人事であってほしい」と皆が思っているのも事実です。

そんな状況において、**人事に対してコメントをしたり、よからぬ噂を流したりすることは、タブー以外の何物でもありません**。実際、役員クラスや経営幹部と飲んでいても、人事の話はほとんど出ません。その重大さをわかっているからです。

ところが、当事者ではない人に限って、「なぜ今回、Aが異動になったと思う?」と噂するのが好きなものです。要するに、口が軽いのです。こういう人は、会社で偉くはなれません。

もしあなたが人事について発言を求められたら、「私が言うべきことではありません」ときっぱり言いましょう。**人事に関しては発言しないことが一番潔く、正しい態度**と言えます。これはぜひ、覚えておいてください。

13 趣味▶差別化できる趣味を嗜む

皆さん、趣味はお持ちですか？

趣味の中には、仕事と直結するものがあります。たとえばゴルフ。ゴルフを通じてお客様を接待したり、仕事上必要な人間関係を築いているという人も多いでしょう。お酒も同様です。いち社会人として、少なくとも「お酒は一滴も飲めません」と言うよりは、多少嗜《たしな》む程度に飲めたほうが、仕事の話も弾むものです。

しかしそれは、趣味というよりも、むしろ仕事において人間関係を構築したり、円滑にすることを目的としたツールと言えます。それを「趣味」にするのは悪いことではありません。ただ、それにプラスして**自分らしさを表現できるような趣味**を持ってみてはどうでしょう。

できれば、仕事とは直接つながっていないようでいて、仕事人としての人格や人間力を高めてくれるようなもの。かつ、ほかの人に比べてレアだったり、興味深いけどなかなか手を出せないものであればあるほど、その人の個性として活きる可能性があります。

たとえば書道や和歌、クラシック音楽や絵画鑑賞など。旅行といっても、単に「海外に行く」のではなく、「世界遺産をめぐって、歴史を勉強しています」とか「ワインが好きで、フランスの地方を回っています」など、周りから見ても興味深く、かつ、その人の人格形成につながっていると思えるようなものがいいでしょう。

また、「日本のお城を見るのが趣味です」というのでも、「お城を見ることによって各地域の特性や、大名の考えていた当時の政策統治を学ぶことが、意外と自分の仕事に役立っているんですよね」というバックグラウンドが明らかになると、「この人はなかなか面白い人だ」と周りからの見方も変わると思います。

私の場合、趣味のひとつに日本酒がありますが、日本酒そのものを嗜むだけでなく、日本酒を広める活動をしたり、日本酒を通じて日本の文化と触れ合うことを楽しんでいます。落語やお香、日本画や焼き物、茶道や華道もそう。そういったものを日本の文化や歴史と組み合わせて、徹底的に学んでいます。

ただし、普段「お茶が好きです」と自分から言うことはありません。「趣味はお茶で……」と話しても、「だから何なの？」と思う人もいるからです。日本人は、ひけらかすことを美徳としません。**会話の中ですこしだけ引き合いに出して、垣間見えるくらいがちょうどいい。**趣味の話は、相手も同じ趣味を持っていたり、どうしても話さなければならないという場面でのみ、もったいぶって披露すべきことであって、**普段はあえてひけらかさないのが鉄則**です。

明らかに変わっていたり、特殊な趣味は別ですが、ほかの人と差別化できる趣味を持っている人は、ふとした瞬間にその個性を見せることが、「優秀さ」の片鱗を見せるひとつの表現方法になると思います。

CHAPTER 4

優秀であり続けるのは難しい

優秀さの評価軸は、時とともに変わる

私がリクルートに入社した当時、営業マンはとにかく売り上げをたくさんあげる人が「優秀」だと言われていました。しかしネットの時代になると、今度はデータベースを活用した営業が主流になり、ついには営業よりもサイトをつくるエンジニアのほうが「優秀」と言われる時代になりました。

我々が社会人1〜3年生のころ、つまり1980年代後半に営業として「優秀」と言われるような仕事を今の時代にしたとしても、もう「優秀だね」とは言われません。このように、**世の中、正確に言うと「会社の中」では、時代とともに「優秀」の評価項目が変わっていく**のです。

景気の悪いときは、会社としてもひとつの商品やサービスを提供し、それをたくさん売ることで儲けたいと思うものです。このため、今ある商品を、形を変えずに上手に売ることができると「優秀」と言われました。

ところが景気がよくなると、顧客の嗜好《しこう》も変わり、それに合わせて会社も多様な商

品をつくるようになります。「これまでひとつしか商品がなかったけど、3種類つくってみよう」「今までお客様に提供できなかった新しいサービスを始めよう」となるのです。

セルフ式のドリップコーヒー「セブンカフェ」で大成功を収めているセブン-イレブンが、コーヒーに加えてドーナツも売り始めました。もし本当に消費が落ち込んでいて景気が悪い時期であれば、「儲かるならコーヒーだけで十分」となります。儲かるものをひとつつくればマルだったわけです。しかし、景気が回復傾向にある今、「ドーナツも売る」という新しい発想をする人が「優秀」と言われるのです。

時代が変わり、会社の経営方針や世の中のニーズが変化すると、何が「優秀」なのかも変わってきます。だからこそ世の中、つまり会社が求める「優秀さ」とは何たるかを常にウォッチし、そのメッセージを見逃さないようにしながら仕事をしなくてはなりません。

時代が求める優秀さを観察し、常に自分の中にアドオンしていくこと。

それができる人が、変化に強く、時代が変わっても「優秀」であり続けることができるのです。

「古きよき過去の人」にならないために

時代が変わると会社の経営方針や世の中のニーズも変化し、これにより、「優秀」の基準も大きく変わります。これを、飲食業界を例にとって考えてみましょう。

ある大手の飲食チェーンでは、お客様に提供する商品に関して、本社に発注した食材を余らせることなく、すべて売り切る店長が「優秀」とされていました。食材を余らせ、賞味期限を切らしてしまったり、腐らせたりして無駄にすることが、店長として一番「やってはいけないこと」とされていたのです。

こうなると、無駄な在庫を持たないために、お客様からオーダーされたものであっても、在庫がなければ「すみません、品切れなんです」と言って、新たに発注しない。意図的に在庫をつくらないという事態が発生します。品切れを起こすほど売れてしまったときに追加で食材を補充して、その分を余らせ腐らせてしまったら会社から怒られるからです。

「お客様の満足度」よりも、「商品を売り切ること」を優先し、「品切れしても仕方ない」と割り切ってお店を回していた店長が「優秀」と言われていたのです。

ところが、「お客様がオーダーしたものを提供できない」、つまり「品切れを起こす」ことが「最悪」であると会社の方針が変わったとき、今まで「優秀」とされていた店長はどうなるか？　一気に「優秀の反対」になってしまうのです。

今現在、自分が「優秀」と評価されていたとしても、**どれだけその「優秀さ」が長持ちするのか、また時代や会社の方針にマッチしているのかどうか**、常に考えなくてはなりません。そこで自分の「優秀さ」が陳腐化していると思えば、惜しげもなく捨てたほうがいい。場合によっては、古きよき「優秀さ」を持っていることで、自動的に「過去の人」と思われ、周りから忘れ去られてしまう可能性もあります。

自分が今備えている「優秀さ」を前面に打ち出し続けていると、今度は逆に後戻りができなくなり、自分にとって厳しい状況になる危険性があることを、認識しておくべきです。

「優秀さ」はメンテナンスしなければ意味がない

留学経験がありグローバルと思われていた人が、海外からのお客様を迎えたとき、英会話がほとんど通じなかった。中国にくわしいと言われていたのに、本当は大学時代に旅行で行ったきりで、20年前の知識で話をしていた。そういう人に、私も遭遇したことがあります。

世の中で「優秀」と言われている人でも、「優秀」の根拠となる知識や経験は、時代とともに陳腐化していきます。そして場合によっては、「メッキが剥《は》がれる」こともあります。周りから「この人の言っていることは古いね」「最新の情報じゃないよね」と思われた瞬間に、それまで「優秀」と思われていた人も、**「終わっている」人**になってしまうのです。

そうならないためにも、自分の「優秀さ」をつかさどる知識や経験を補強することが必要です。

「イギリスに留学経験があり英語が話せる」としても、それが10年前の話であれば、生きた英会話のフレーズを勉強して語学力をアップデートしたり、今現在のイギリスについて最新情報をきちんと収集すべきです。あるいは「ブランドにくわしい」という触れ込みであれば、過去に蓄えた知識だけで生き抜こうとするのではなく、最近のブランドに関する知識も貪欲《どんよく》に仕入れるようにする。

そういった努力を重ね、**「優秀さ」の土台が陳腐化しないように常に補強しておく**ことが、「優秀さ」を保つうえでは必要不可欠と言えるでしょう。

トップの交代は、大きな変化の前兆と覚悟せよ

また、時代の変化だけではなく社内の変化も見逃してはなりません。世の中の会社の経営者は、トップに立った瞬間、「新しいことをやりたい」と思うものです。あるいは過去の方針を見直し、否定することをよしとする傾向もあります。

というのも、今までと同じやり方を踏襲してうまくいったとしても、「あの人は新しいことに対する挑戦心がない」とか「あの人自身のカラーがない」と言われてしまうからです。それゆえ、**経営者は必ず、自分がトップになったときに自分のカラーを**

打ち出そうとするのです。

たとえばサッカー日本代表監督に新たに就任したハリルホジッチ氏は、「フレッシュな選手の積極起用」を明言し、初の公式戦ではその言葉通り、これまで活躍してきた本田圭佑《けいすけ》選手や香川真司選手といった、日本国民なら誰もが知っているスター選手を先発メンバーから外しました。これまでにない大胆な選手起用で結果的に勝利を収め、それが監督の力量を示すことにつながったのです。

トップの打ち出す「新たなカラー」には、過去の否定、ないしは過去と真逆のものが含まれている可能性も大いにあります。その場合、今まで優秀だと思われてきた人の**「優秀さ」そのものが、経営のトップが変わった瞬間に変化し、「優秀ではない」または「不要のもの」とされてしまう可能性もあります。**

だからこそ、会社のトップや経営陣が変わったときには、彼らが重要と見なす価値観をきちんと理解しておくことが必要と言えるでしょう。

周囲を失望させると優秀さは忘れられる

「優秀な社員」と思われるためには、かなりの時間と努力が必要となります。仕事が1つや2つうまくいっただけでは、「当たり前」または「偶然」と思われるだけです。周囲から「優秀」と認められるには、明らかに「優秀」だとわかるトラックレコードや経験、輝かしい成果を積み上げていかなくてはなりません。

ところが、**それほど苦労して得た「優秀」という看板は、意外なほどあっさりと剥奪されてしまう**のもまた事実です。

たまたま何か失敗をしてしまったり、期待に応えられなかったとき、「今回は残念だったけど、そうはいっても『優秀』な人だからね」と思ってもらえる場合もありますが、ものによっては「○○さんのような優秀な人が、こんなイージーミスをするとは思っていなかった」「○○さんは『優秀』だと言われているけど、やっぱり無理なこともあるんですね」と、一度の過失で失望させてしまうこともあります。「悪い人ではないかもしれないけど、過大評価していたのかもしれない」と、評価を下げられてしまう可能性もあるのです。

周囲を失望させてしまうきっかけとしては、「任された仕事を最後までやり切れなかった」とか「期待通りの成果をあげられなかった」など、いろいろ考えられますが、いずれにせよ、**「期待以下」のクオリティで対応してしまった場合に起きる**ものです。「すこしだけ期待通り」または「すこしだけ期待値以下」であればまだ救いがあるかもしれませんが、「かなり期待値以下」であれば、その1回でレッドカードが出てしまうこともあります。

・一発で評価がリセットされる、ノックアウト級のミス

たとえば私の場合、「東洋経済ONLINE」で「高城幸司の会社の歩き方」という連載を持っているのですが、そこで書いた原稿がYahoo!ニュースの「トピックス」(ヤフトピ)に取り上げられたことがありました。フェイスブックの「いいね!」も、1000くらい押されるほど反響があったと記憶しています。

その後、東洋経済のクリスマスパーティに呼ばれた際に、担当者から編集長を紹介され、「いつも読んでいます。ヤフトピに記事が出るようなことは、なかなかないんですよ。『優秀』ですね」と言われました。

こうなると、編集長や編集部の期待値も上がり、ヤフトピに取り上げられるような原稿を書くことがもはや「当たり前」になってしまう。すると私としても、「ヤフト

ピに取り上げられるような記事を書かなければ」と思い、ひっかかりをどうしようとか、タイトルをこうしようとか、いろいろと考えるようになります。

そうやって努力をしても、原稿がなかなか取り上げられず、さらにフェイスブックの「いいね！」も数えるほどしか押されなかったりすると、編集長としては「ちょっと期待してたのと違うな」と思うことがあるかもしれません。

とはいえ、「まあ、こういうこともありますよね」と思われるだけで済む可能性もあります。まだリカバリー（回復）できるわけです。それよりも本当に危険なのは、原稿が締め切りに間に合わないどころか、そこからさらに1週間放置してしまったり、何か別の記事をコピペしたものを納品してしまったりといった、物書きとしては「ありえない」行為です。これはもう一発でアウト。リカバリーもできません。それまでこつこつと積み上げてきた「優秀さ」が、一瞬にして崩壊してしまいます。

どんな仕事においても、**相手を失望させるような、ノックアウト級の失敗を一度でもやらかしてしまうと、さすがに「優秀さ」は剥奪されてしまいます**。だからこそ、自分の持つ「優秀さ」において、「周りを失望させてしまうような行為とはいったい何だろう」と常に考えながら、そこまで低いレベルには絶対に落ちないよう、自分を戒めていくことが大事です。

発言には「社内トレンド」の取り入れを忘れない

社内のトレンドというのは、世の中における最新の流行であったり、世界的にブームになっているものとイコールではありません。あくまでも会社の中、ローカルな「社内」におけるトレンドです。**優秀な社員には、そのトレンドを「先取り」した発言が常に求められています。**

たとえば、このグローバルな時代において、会社が海外進出を考えていたとします。そこで「これからはインドネシアです」と言うのか、あるいは「インドネシアはもう遅い。次はモンゴルですよ」という発言をするのか。

そもそも、まだ一度も世界に進出したことのない会社であれば、「世界進出といっても、最初に進出するならやはり、北米か中国でしょう」というのが基本かもしれません。そこで「いやいや、これからの時代はモンゴルです」と言ったら、「モンゴル」という言葉を聞いた社内の人たちからは「何を言っているんだ、早すぎるだろ」と思われてしまいます。

とはいえ、日本企業が中国から続々と撤退している中で、「時代は中国です」と言ったら、それはそれで古すぎてしまう。

そこで、「うちの会社のスピード感でいえば、これからはシンガポールがいいのではないでしょうか」と言えるかどうか。そうした発言こそが「社内のトレンドの先取り」となります。

自分の働いている会社がまだグローバル化していないのか、それともグローバルの先端を行っているのか。はたまた、ネットの世界においては最新なのか、むしろ後発なのか。そういったことを踏まえ、**その会社における「先取り」とは何かを考えて発言に取り入れることが重要**なのです。

社内で「一歩先を行く存在」になるための意識を持つよう心がけてください。

優秀たるもの、高潔であれ

最近、「コンプライアンス」という言葉を耳にする機会が多くなりました。一般的に「法令遵守」と訳されますが、広くは「倫理や道徳などの社会的規範を守って行動すること」を意味します。

普段どんなに紳士的で、女性にも平等に接している男性社員がいたとしても、ちょっとしたセクハラ発言ひとつで、**コンプライアンス的にはアウト**となってしまいます。

また、いくら「私はグローバルな人間です」と公言していても、ふとした瞬間に「だから韓国は……」と言ったとたん、「この人は韓国を見下しているんだ」と思われ、がっかりされてしまう。

同様に、「尖閣諸島について、どう思いますか?」と聞かれた場合、いくら自分が正しいと思っていても「尖閣は当然、日本の領土です」と答えてしまうと、それは中国側の言い分を聞こうともしないという意思表示になりえます。すると社内で「あなたに中国の担当は任せられません」となってしまう。だとしたら、余計なことは言わないほうがいい。「私は、そういうことはわかりません」と、かわすのが賢明です。

油断してついオーバートークをしてしまったり、リップサービスのつもりで発した一言が他人を不快にしたり、相手に敵意を持たせてしまい、命取りになるケースは結構多いものです。こうしたＮＧ発言は、会社ではできるだけ避けたいものです。

とりわけ「優秀」とされる人であれば、コンプライアンス的な観点から「ＮＧゾーン」と思われる発言は慎むこと。**道義的に周りから嫌悪感を抱かれるような発言は、一度たりともしないほうが身のため**です。

というのも、優秀な人間は皆クリーンであるはずだと世間から思われているからです。「はじめに」でもご紹介した通り、ジャック・ウェルチ氏は「優秀なプレイヤーの定義」として、第一に「高潔な人格」を挙げています。実際には高潔でなくとも、そういう存在に祭り上げられるのです。だからこそ、聖人君子のごとく振る舞わなければならないのです。

「これを言ったら終わり」のNGラインを意識する

人間というのは、表向きはともかく、心の奥底では人を蔑視していたり、差別していたり、実はちょっと嘲笑的だったりする部分がどこかにあるものです。誰に対してもクリーンで高邁《こうまい》な人というのは存在しないでしょう。もちろん、心の中で何を思うかは個人の自由です。しかし、「優秀な人」であれば、言っていいことと悪いことの区別はつくはずです。

また、優秀な人の中には、クリーンに見られることに居心地の悪さを感じてしまい、あえてバカな話をしたり、周りを笑わせるために自虐ネタやキワドい話をしてしまう人もいます。

人間というのは不思議なもので、高邁でクリーンな人だと思われると、「本当はそんな人間じゃないのに……」と、そう見られることに対して反発してしまうものです。「優秀」であるがゆえに周りにちやほやされ、「皆、俺のことをいい意味で買い被っているな」と思ってしまう。そうなると、自分にもワルな一面があることを、あえて見せたくなるのです。

しかし、そうして発した一言が、思い切り墓穴を掘るようなＮＧワードだったりするので要注意です。いつもはいいことを言っていても、**その一言で「この人はダメだ」と思われてしまう**。

お酒の席で堅すぎるのも何だからと、サービス精神からつい口を滑らせたり、失言してしまう人もいます。先日も、酒席で女性の新入社員に「やらせろよ」と言って訴えられ、解職になった大手企業の社員がいました。

こうしたセクハラ発言は、10年前であれば女性側も「やめてくださいよ～」と軽く流し、周りもジョークとして受け止めていたかもしれません。しかし、今はそういったセクハラ発言に非常に敏感な時代ですし、そうでなくても、人を不快にする発言は強く慎むべきです。たとえお酒が入っていたとしても、ダメなものはダメ。どんなときでもＮＧ発言をしないよう、常に気を張っておく必要があります。

中には「こんなに会社に貢献してきているんだから、これくらいの発言は勘弁してよ」と思う人もいるかもしれません。もちろん「勘弁できる」こともあります。しかし、**「この言葉が出たらおしまいだ」というＮＧ発言を口にしてしまうと、どんなに**

「優秀」であったとしても、どんなに悪意がなかったとしても、もう終わりです。本人が気づいていないだけで、実は大きな損失を被っているのです。

返し方の問題も重要でしょう。「いつもスーツ姿がキマってますよね」と褒められたときに、照れ隠しをしたかったり、意外性を見せたいのであれば、「こう見えても、週末は息子と一緒に、Tシャツ短パンで泥んこになって走り回ってるんですよ」と返せば、聞いている側も嫌な気分になることはなく、むしろ微笑ましく思うでしょう。

大切なのは、人を不快にさせないことです。人は意外と、ちょっとしたことで不快になるものです。何においてもやっていいことと、悪いことがあります。**「それを言ってしまったらまずい」というラインを、日頃からきちんと意識しておく**ことが重要なのです。

CHAPTER 5

忍び寄る
「囲い込み」の罠

幹部からの優秀認定サインと、囲い込み

会社の役員や経営陣、人事というのは、社員を平等には見ていません。社内で「優秀」と思える人だけに注目しています。

酷な話に聞こえるかもしれませんが、それは仕方のないことです。何百、何千もの従業員がいたら、役員も一人ひとりを覚えてはいられません。当然、見方にも偏りが出るものです。それを公言してしまうと問題になるから、誰も言わないだけです。

会社で経営幹部、つまり役員や社長になれる人は、同期の中でいたとしても数名です。たとえば私の場合、リクルートの同期は800人ほどいましたが、その中で社長になったのは1人。あとは私が執行役員になったくらいで、ほかはいません。幹部になれるのは、同期でせいぜい400分の1ということです。

では、我々が新人だった時代に、当時の役員が私も含め800人の同期の顔を覚えていたかというと、もちろん全員は覚えていません。しかし、**「優秀」と見なされた人物には、入社2~3年目でサインが送られます。**だいたい5人くらいでしょうか。

その5人の中から、さらに幹部候補が1人か2人に絞られていくのです。

では、このサインとはどのようなものなのでしょうか。

役員から「将来、経営幹部として育てたい」と注目されているかどうかは、たとえば役員との会話から推測することができます。何気なくあいさつを交わした際に、「お前、あの仕事はどうなんだ?」と聞かれる人と、「君はどこの所属だっけ? あ、(あの優秀な)Aと同じ部署? へえ。で、どんな仕事をしてるんだ?」と聞かれる人がいたとします。もちろん前者が「優秀」と見られている社員です。要するに、**役員が日頃から気に留めているか、それともまったく見ていないかの違い**です。

また、辞めると言い出した場合、役員が「お前、何言ってるんだよ? 辞める? ありえないよ」と慌てて止めに入られるのは、「優秀」の証です。一方、役員の記憶にない社員が辞めるとなっても「そうか、残念だな。これからどうするんだ? まあ、頑張れよな。たまには遊びに来いよ」としか言われないでしょう。

会社の中には、残念ながら「辞めてもらいたい社員」もいれば、「辞めても代わりがいる社員」、さらには「辞められたら困る社員」がいます。辞められたら会社として本当に困るほどの優秀な社員は、役員も幹部候補として日頃から目をかけているはずです。当然、辞めさせることは許されない。だからこそ、必死で引き止めにかかります。

優秀な社員であればあるほど、ほかの会社に引き抜かれたり、別の事情で会社を辞められたりすると、会社にとって大きなダメージとなります。それゆえ、会社は戦略的に囲い込もうとします。

では、「優秀な社員」になると、どのように囲い込まれるのか。それをこれから説明していきましょう。

優秀社員は、なぜメディアに登場しないのか？

私がまだ20代の若手だったころ、「リクルートのツートップ」というテーマで「プレジデント」誌の取材を受けたことがありました。私と、後にAll About（株式会社オールアバウト）を立ち上げた江幡哲也《えばたてつや》さんの２人が、「未来の経営幹部候補」といった触れ込みで紹介されたのです。

その後、何が起きたか。

わずか2週間で、20社ほどからヘッドハントの問い合わせが来ました。生命保険会社もあれば、ベンチャー企業もありましたが、かなりの数の会社から電話がかかってきたと記憶しています。

私も今、実際にヘッドハンティングをしているので、その事情はよくわかります。メディアをチェックしていて、「注目の若手社員」と紹介されている優秀な人物がいたら、それは自社の人材としてぜひ欲しいと思うのは当然のことです。

また、今は「転職サイト」というものが存在しますが、そういったところに会社を代表する存在として名前が出ている人は、たいていヘッドハンティング会社から電話がかかってきます。ほぼ100%と言ってもいいでしょう。

というのも、これまで述べてきた通り、会社の中の「優秀な社員」は、社外の人間には名前すらわからないからです。そもそも、どの部署に誰がいるかも把握できていない。ゆえに、「優秀な社員」として社名や名前が公表されていれば、ヘッドハントする側にとって格好のターゲットになるというわけです。

そうなると、優秀な人材を奪われては困るとばかりに、今度は会社側が「囲い込み」に入ります。「注目の若手社員」というテーマで広報に取材依頼が来ても、**本当に優秀な社員には取材させません。**隠しておくようになったのです。

進化する現代のヘッドハント事情

今、転職を希望する人のほとんどは、「リクナビ」や「エンジャパン」「マイナビ」といった転職支援サイトに登録していると思います。しかし、そこに登録する人の中に、本当に「優秀な人」は少ないでしょう。なぜなら今の時代、優秀な人はあまり転職活動をしないからです。今の会社で重宝されているのに、転職を考える必要などないからです。

そして当然、**世の中のヘッドハンターが求めているのは、転職活動をしていない優秀な人**です。

では、ヘッドハンターはどのように「優秀な人」を見つけているのか。前述したような転職支援サイトのデータベースから見つけてスカウトメールを打つことはほとんどありません。**ネットをくまなく検索して「優秀な人」を見つけ、直接口説《くど》く**のです。たとえるなら、街を歩いてナンパをするようなものです。

個人のフェイスブックなどをチェックする場合もありますが、ほかにも会社の広報などに目を通し、「Ａさんという人がいいことを言っているな」と思えば、ヘッドハンターはその会社に電話をかけます。そこで本人につないでもらい、「ある会社に頼まれて、Ａさんをヘッドハントしたいと思っています。具体的な会社名は言えませんが、外資系で部長クラス、年収は２０００万円くらいです。一度お話を聞いてもらえませんか？」と直談判《じかだんぱん》します。会社と個人名がわかれば、電話をかけるのは簡単です。

最近では、さらに方法も進化しています。個人名と会社がわかれば、メールアドレスはだいたい、想像がつくものです。極端な話、「個人名＠会社名.com」などで、メールが送れてしまうわけです。世の中には、そういったメールを送る専門の代行業者も存在しています。

こうした方法で、「初めてメールを送ります」という体《てい》でアプローチすると、メールを受け取った側は「どこかで名刺交換した仕事関係の人かな？」とひとまず内容に目を通します。すると「実は一度お会いして、お話ししたいことがあります。Aさんにとって重要な案件なんです」と書かれていて、受けた側は「仕事の件で何かトラブルでもあったのかな？　どういうことだろう？」と連絡を返してくる。こうして実際に会い、「メールでは書けませんでしたが、実はヘッドハントの件で……」と切り出すというのが、最近の流行りの手法です。

このように、会社がいくら「優秀」な社員の存在を隠そうとしても、社外の人は名前さえわかれば直接コンタクトするチャンスがある。だから、会社としては「名前すら隠したい」というのが本音です。**「この会社にいるAさんは優秀だ」と社外に知られたくない**わけです。

もしあなたが、会社にSNSの使用を禁止されているなら……

とはいえ、今はネットの時代です。いくら会社が隠しても、個人で情報を発信する人が出てくる。個人がソーシャルメディアやSNSを使うということは、すなわち「私に直接連絡してもいいですよ」と言っているも同然です。**会社としては、優秀な社員には絶対にソーシャルメディアを使わせたくないと思う**のも当然でしょう。

大企業の社員は、社内の情報漏洩《ろうえい》を避けるという意味でも、フェイスブックをはじめとしたソーシャルメディアを個人で使わないよう、通達されていることがあります。とくに優秀な若手社員に限っては、「絶対にやるな」と厳しく言われていることも多い。ソーシャルメディアを使っている優秀な人には、ピンポイントでスカウトメールが来るからです。

当然ながら、そういった社員にはメディア取材も受けさせません。外に出ないように、徹底的に囲われているのです。

その一方で、当の本人は「優秀」であることをアピールしたくて、あるいは無意識のうちかもしれませんが、ブログやフェイスブックなどのソーシャルメディアで自ら情報を発信しているケースがあります。そこで「社長直轄のプロジェクトで、今すごく頑張っています」と書いていたりすると、ヘッドハンターから目をつけられる。だから会社も会社で目を光らせていて、「君ね、会社の情報を出してはダメだよ」と釘を刺されることになります。

実際に、先日、ある異業種交流勉強会で大手企業の「優秀な社員」を紹介されたのですが、紛れもなく「優秀」な人だったので、後でその人のことをネットで調べてみました。

すると、いまだにフェイスブックもやっていない。おそらく所属する会社がやらせないようにしているのでしょう。ネットで発信しようものなら、いろいろなところから直接スカウトされるのは目に見えています。かつ、メディアの取材も受けていない。それほど「優秀」な人なのに、ネットで調べても情報が全然出てこないのです。

また、私のリクルート時代の後輩で、とても優秀な人がいます。この人は自分でも会社をやっていて、よくメディアにも出ていましたが、上場企業に引き抜かれてその役員に抜擢されました。その際、「今やっている仕事はそのまま続けていい」と言われたそうですが、いざ役員になると、会社側に仕事をすべてチェックされるようになったというのです。メディアを通じての発言内容や書いた原稿もすべて目を通され、「それはうちの会社とかぶります。利益相反になります」「この発言については同業他社が……」と逐一言われる。

そのため、今ではほとんど情報が発信できなくなっています。メディアにもすっかり出てきません。もちろん、ソーシャルメディアの個人利用も禁止され、自分の会社のホームページでさえ「顔写真を載せないでください」と言われたそうです。上場企業に入り、優秀ゆえに囲い込まれてしまったのです。

「こんなに囲い込まれるものなんですね」と本人もびっくりしていました。**「優秀」な人は、それだけ徹底的かつ戦略的に囲い込まれる**のです。

大企業で「優秀」と言われている社員は、20代の若手のころには比較的好き勝手に取材を受けたり、本を書いたりするものですが、そういう人も30歳を過ぎたら急に「そろそろ遊びもいい加減にしろ」と言われ始める。

もし、あなたが会社から「ソーシャルメディアの使用禁止」を厳しく言われているとしたら、それは「優秀な社員」として会社に囲い込まれている証かもしれません。

それ以外にも、会社が優秀社員に対して行う「囲い込み」には次のようなものが見られます。

囲い込み❶　長期の仕事で、転職を諦めさせる

仕事をたくさん任されるということは、当然ながら会社からの期待値が高いことの表れです。優秀な人は、仕事に対する責任感が強いものです。すると、仕事をたくさん任されるほど、自分の将来についてほかの選択肢を考えたり、社外の人に会って転職を考えるという時間がなくなります。

会社は優秀な社員に対し、「2年越しの仕事」や「3年がかりのプロジェクトの責任者」といった比較的長いスパンの責任ある仕事を任せたり、今の業務に加えて「若手の面倒をみる教育担当」や「グローバル化の新規事業」など、会社の中で面白そうな仕事も含め、複数の案件を「兼務」させる。**仕事でがんじがらめにして、優秀な人を辞めづらくさせる**のです。

そんな状態で、万が一「辞める」と口にした場合、「君は自分がやっている仕事を放り出していくのか？」「周りのメンバーは大変だぞ」と言われてしまう。こうなる

と、責任感のある人ほど、辞められなくなります。

結局、「この仕事が終わるまでは頑張ってくれ」とうまく丸め込まれる。そして、その仕事が終わらないうちに、別の新しい仕事を任せられる。そうやって、**仕事を延々と重ねることで、「辞める」という選択肢を諦めさせる傾向があります。**

ちなみに、優秀な人が「辞める」と言うと、引き止めるために海外留学に行かせるという会社もあります。しかし、それはむしろ逆効果の場合もあります。というのも、留学して勉強することで、語学力や専門知識などがついてさらに市場価値が上がるからです。

さらに、外に出ることで新しい人脈もでき、自分の市場価値が自分で確認できてしまう。結果、より市場価値の高い優秀な人材として、社会へ送り出す結果になってしまいます。

優秀な人を辞めさせないためには、海外留学をさせるよりもむしろ「鎖国政策」をとったほうが、会社としては有益と言えるでしょう。

囲い込み❷ 世間の怖さを説く

優秀な社員に対して、会社はなるべく世間の情報を遮断し、ある意味「外の物事を知らない人」に育てようとします。「君が優秀なのは社内に限っての話であって、外ではそう簡単に通用しないぞ」と言われたら、誰でも出て行くことをためらいますよね。

とはいえ、会社がいくら「鎖国政策」をとって優秀な社員を囲い込んでも、当然のことながら、外と接触する機会をゼロにすることまではできません。優秀な社員が外部の人間に会ったときに、「君みたいな人が外資に行ったら、年収4000万円くらいはもらえるよ」「そんな会社、今すぐにでも辞めたほうがいいよ。君は優秀なんだから」と言われたら、「そうなのかな。自分のいるべき場所はこの会社ではないのかも」と気持ちが揺らぐこともあるでしょう。

「隣の芝生は青い」とはよく言いますが、世の中に数多《あまた》ある別の会社に、今現在所属している会社とはまた違った魅力があるのは当然です。「外資系でグローバルな仕事ができる」「ベンチャーで不安定だけどその分、給料は高い」など、その会社ごとのアピールポイントを聞くと、自分の会社にはない魅力に引きつけられることもあります。

また、「うちに来たら海外を回ってもらうよ。おたくはドメスティックな会社だよね。こういう時期にグローバルな仕事ができないなんて、かわいそうだよね」と言われると、海外志向の人はその話に飛びつきたくなるかもしれません。

たしかに、外部の人の言うことも、何割かは真実です。しかし、「甘い言葉には罠がある」というのもまた事実なのです。

こういったときに冷静に考えなくてはならないのは、「別の会社に移ったからといって、それで本当に自分は幸せなのか？」ということです。

たとえば、海外を飛び回るということは、逆に言えば日本に長くいられないということです。「家族はどうするのか」など、また別の問題が生じてくる。良い面もあれば、当然、悪い側面もあるわけです。

外部の人は、自分の会社の良いところ、魅力的なポイントをどんどんアピールしてきます。しかし、会社側があなたに本当に残ってほしいと思えば、「目を覚ませ」「甘い言葉には罠があるぞ」と止めに入ります。それは単なる脅しではなく、「転職といっても、世の中は厳しいんだぞ。外資なんて1年でクビになることだってあるんだから。そうなったら、奥さんとお子さんも困るだろ?」「うまいことを言われて出て行って、使うだけ使ったら結局ボロ雑巾《ぞうきん》みたいに捨てられた奴がいたじゃないか」と、想定できるマイナス面をきちんと指摘してくれる。

そう言われることが、「優秀」であることの証でもあるのです。

囲い込み❸ 同期と違った特別処遇を設ける

会社は優秀な社員を確保しておきたいと思うものです。しかし、さまざまな事情により、優秀な社員の退職が相次ぐことがあります。その主たる理由のひとつが、処遇です。

世の中の会社には、「20代から年収1000万円は払えない」とか「30代で部長にはなれない」など、会社ごとの内規があります。すると、社内で頭ひとつ抜けた「優秀」な人材を、特別待遇することが難しくなります。

それでも、**どうしてもその優秀な人を確保しておきたいとなったときには、その人に対して特別待遇をするケースがあります**。

年功序列を廃止し、若くして役職を上げることもあれば、給与に手当をつけたり、高いボーナスを支給したりと、報酬面や処遇面で、ほかの社員と明らかに差別化した対応をする。たとえば私がリクルートを「辞める」と言ったときには、2段階昇格し、事業部長に抜擢されました。辞表を出すよりも前に、人事発表をされてしまった。辞められない状況を先につくられてしまったのです。

会社というのはそうやって、人材を確保します。もちろん、これらは会社側が「どうしても残ってほしい」というときに使う手段であって、社員が自ら要求するものではありません。

よくあるのが、**子会社の社長に就任させて、そこで例外的な処遇をする**というパターン。私の知り合いにもいますが、どんなに優秀でも同期の中でひとりだけ待遇をよくしてしまうと周りからやっかみを受けるので、子会社の社長に異動という名目で、同期の1・5倍の給料をもらっているといいます。

また、これはややイレギュラーなケースですが、ある大手企業で人を1人採るとなったとき、その人があまりにも優秀すぎて、会社の「社員」としてはそれに見合った給料を払えないとなりました。

とはいえ、それほど優秀な人を採用しないわけにはいきません。そこで、その人に個人会社をつくってもらい、業務委託という形式で仕事にあたってもらったのです。給料ではなく業務委託費として支払うのであれば、人事のテーブルに合わなくてもいいだろうという判断です。

どんなに優秀でも、会社があまりにあからさまな高待遇をしてしまうと、今後その人が周りから足を引っ張られる可能性が生まれます。かといって、会社としては優秀な人に辞められても困る。そのため、人事もさまざまな工夫を凝らしているのです。

CHAPTER 6

優秀社員になる意味とは

優秀な社員というのは、社内で自《おの》ずと知れた存在になるものです。「誰も知らない優秀な社員」はいません。会社の中で、「同期で一番優秀といえば○○」「営業部員では○○がとくに優秀だ」といったように、「××といえば○○」と、社内ブランド化される存在になります。名前が売れているわけです。

「優秀」であることは、このように社内で存在が認知されていることが前提にあります。

一方で、第5章でも触れた通り、「優秀な社員」といえば、かつては対外的に取材を受けてマスコミに登場していましたが、最近では表に出てしまうと引き抜きにあう可能性が高いため、会社がその存在を隠すようになっています。このため、現在は「社内で優秀な社員」＝「世間で有名な人」ではないケースが増えています。

要するに、**社内で有名な優秀社員が、社外においては実は「マイナーな人」だという、不思議な構造となっている**のです。

では、そんな社内だけで知られた優秀社員になる意味とは、どんなところにあるのでしょうか。

1 「おいしい仕事」が自然と集まる

当然のことながら、優秀な社員に対しては、周囲もその優秀さに見合った仕事を任せるものです。

たとえば営業の場合、売り上げの金額が少なかったり、成約の見込みのないような取引先を担当させることは、まずありません。今話題の人気企業や、その人に任せたら大きく化ける可能性がある仕事、はたまた社中で皆が注目しているプロジェクトなど、**いわゆる「おいしい仕事」を任される**ことになります。

また、社内で「優秀」とされる有名人であるがゆえに、「この仕事は、誰にお願いしようか？」となったときに、「誰でもいい」ではなく、「できれば○○さんにお願いしたい」「○○さんでないとこの仕事はできないので、ぜひお願いしたい」といった具合に、**バイネームで仕事が集まる**状態になっていきます。それが社内有名人の特典とも言えます。

とはいえ、会社で「優秀」な人が皆、高い報酬をもらえているかといえば、必ずしもそうとは限りません。なぜなら、えてして会社の中で得られる報酬、つまり給料やボーナス、あるいは昇進や昇格といったものは、今日一日の仕事ぶりで決まるものではなく、一年の貯金の中で決まるものだからです。

このため、日々忙しく仕事をして成果を出しているにもかかわらず、給料の面では同期と大差がないということは意外と多い。相場が決まっているからです。たとえば広告代理店にいて、「明日からお前にトヨタを任せる」と言われたとしても、トヨタの担当になったからといって給料は上がらない。仕事を頑張っても、給料はすぐには上がらないものなのです。

しかし、**ここで大事なのは、おいしい仕事が集まること自体をありがたく受け止め、目の前の仕事に取り組むこと**です。「こんな仕事をやらせてもらえて光栄です」と、前向きな反応を見せて元気に仕事に取り組む人は、たいていよい成果を出すものです。そして、その結果またさらにいい仕事が集まることになる。**「仕事の報酬は仕事」**というわけです。

このように、おいしい仕事が集まる状態で、かつそのおいしい仕事に喜びを感じて取り組む「優秀な社員」には、どんどんおいしい仕事が増えていきます。

・常に仕事を受けられる余裕・余白を備えよう

さらに、もうひとつ大事なポイントがあります。**「おいしい仕事」に追われ、どんなに多忙になっても、余裕を忘れない**ことです。忙しくて電話がつながらなかったり、メールを送っても返信がないと、周りの人からは「あの人は優秀だけど、忙しいみたいだから、残念だけどこの仕事はほかの人に任せよう」と言われてしまい、大きなチャンスを逃してしまう可能性があります。

売れっ子のタレントも同じことです。どんなに魅力がある人材だとしても、忙しくてつかまらないとなれば「なかなかつかまらないし、ギャラも高そうだから、ほかの人にお願いしようか」となる。それが続けば、そのうち自然と仕事がなくなります。

また、「優秀な社員」の中には、言葉足らずゆえに損をする人もいます。「すみません、本日はバタバタしていまして、近々連絡します！」と言ってなかなか連絡をしなかったり、「4月はスケジュールが詰まっていて、夏くらいまで待っていただければ……」と言われると、仕事を依頼する側も「忙しいのに悪かったね」となり、それきり縁が切れてしまう危険性があります。

こういう場合は、どんなに忙しかったとしても、「来週の金曜日の午前中であれば、空けられます」「ほかを調整してなんとか受けられると思います」と、仕事のやりくりができるところを見せること。それ以前に、もしものときに仕事を受けられるような余裕をあらかじめつくっておくことです。そうしないと、集まる仕事も集まらなくなっていきます。

「優秀な社員」として社内で有名になれば、確実に「おいしい仕事」が集まる状態になります。とはいえ、一度仕事が集まるようになっても、そのうちに離れていってしまう可能性は常にあるのです。**おいしい仕事が集まる状態を継続するには、「優秀」であると同時に、「仕事を頼んでも大丈夫」という余白を持っていることが重要**です。それができている人は常においしい仕事が集まる状態になります。

だからこそ、その状態を持続させるためにも、「仕事を受ける余裕がある」姿勢を見せることが必要なのです。

2 理不尽な人事異動から解放される

会社に勤めるうえで、人事異動は付き物です。東京から大阪、または海外へといった大がかりなものから、隣の部署や別のフロアに移るといった小さなものまで。いずれにせよ、**たいていはその人自身に問題があって異動させられるわけではありません。**

人が増えれば組織も増え、営業に開発、第一営業部、第二営業部と部門が細かく分かれることもあります。今まで10人でやってきた部署も、2人増えて12人になったところで、6人ずつに分けて「君は一部に行ってくれ」「君は二部に行ってくれ」となるわけです。

このような場合、熟考して異動を決めることもありますが、驚くことに、それほど深く考えないままに移される人も中にはいます。誰かが辞めて人が足りなくなったとき、本当は後任をじっくり決めたいところであっても「とにかく誰でもいいから1人欲しい」と言われ、単なる数合わせで異動させられることもあります。**こうした社内の事情で、ある意味、理不尽な人事異動の対象となってしまうことは意外とあるのです。**

・悪くないのに動かされがちなのはこんな人

では、どのような人が、人事異動の対象になりやすいのでしょうか。

私自身、人事の仕事をしていることもあり、さまざまな人のレジュメ（職務経歴書）を見る機会が多いのですが、社内でまったく別の部署にしばしば異動させられている人に共通して言えるのは、「相手先が受け入れてくれる人材」であるということ。逆を言えば、**「問題児」ではない人**だということです。

たとえば「あの人はいつ何がきっかけでキレ出すかわからない」という人がいた場合、異動となってもどこも受け入れてはくれません。**「異動ができる」ということは、少なくとも「人並みの仕事はできる」という社内での評判があるということ**です。ただしその一方で、「どうしても残ってほしい」「彼でなければこの仕事はできない」と思わせるくらいの「優秀さ」は持っていない。だからこそ、移されてしまう。

そうなると、人事異動の際、「人並みの仕事ができる」社員Aはどうなるか。「どうしても営業部から1人出さなければいけない」という状況になったとき、「Aでいいんじゃない?」と言われてしまう。さらに、営業から管理部門に移ると、今度は管理部門が縮小されて、人員を1人減らすことに。そうなると今度は、「ベテランのBは大事な仕事を任せているから、ここで抜くわけにはいかない。若手社員のCはまだ入社2年目だし、このタイミングで異動させたらここまで頑張った意味がなくなってしまう。Aはそれなりに仕事もできるけど、Aと同じようなことは、ほかの人間でもできるな。じゃあまたAを営業に戻そうか」となりがちです。

このように、**理不尽な人事異動をされやすいのは、会社の中で「替えの人材はいるけれど、別に居てもらっても構わない」という、比較的「平凡な社員」であることが多い**。一方、本当にダメでどうしようもない社員は、実は動かすこともできず、最後の手段としては辞めてもらうしかないのです。

とはいえ、会社としては、それはなかなかできることではない。結果として、**ダメな人はいつまでも同じ場所にとどまる**ことになります。

ではこういうとき、社内で有名な「優秀社員」はどうなるか。

有名人ゆえ、その動向は常に注目されています。もちろん人事異動となれば、周りはその異動になんらかの意味を持たせたがります。

また、会社にとっても「優秀社員」は絶対に辞めてほしくない存在であり、それなりの仕事を任せようとします。そんな中で異動となった場合、「今までうちの会社では開発部門は陽が当たらなかったけど、あの人が異動したということは、これから力を入れる証拠なのではないか」「彼が移ったということは、何か新しいことが起きるのではないか」と皆が関心を持って見守るわけです。

そのため、人事異動をさせる人事部も経営陣も、「優秀社員」の異動は適当には決められず、慎重になります。当然、**理不尽な人事異動の対象になることは決してありません。**「優秀社員」として、そこはお得なポイントと言えるでしょう。

3 社内での「この指止まれ」が簡単に

会社に勤めていると、「社内運動会の幹事」や「新しいサイトを立ち上げるための新規事業」など、本来の業務以外の仕事に取り組む機会があります。これを「プロジェクト」といいますが、最近では、こうしたプロジェクト型の仕事を奨励する会社が増えてきました。

会社の中で、自分の仕事だけではなく、組織や部門を横断していろんな人と連携して仕事をしていく。そうすることで、「営業ではこういう進め方をするけど、管理部門から見たら、僕のやり方は乱暴かもしれない」と気づくこともあります。組織を横断した仕事に関わることは、その人の視野を広げ、能力を高めることにつながるのです。

社内で連携してプロジェクトをつくるとき、そのチームを任されるのが「プロジェクトリーダー」です。リーダーは横断的に「一緒に仕事をしたい」と思う人に声をかけ、「忙しいだろうけど、参加してくれるよな」とメンバーを勧誘する。つまりアサイン（指名）することになります。**リーダーは、こうしたメンバー集めから行う必要があります。**

しかし、この人集めが結構苦労するものなのです。というのも、会社は人集めを手伝ってはくれませんし、たいていの社員は本来の業務で忙しいからです。いざ声をかけても、「本業が忙しいから……」「すみません、今ちょっと手が回らないんですよ」などと言って、なかなか参加者が集まらないことも。

そんなとき、もしリーダーが社内で知られた「優秀社員」であれば、「あの有名な○○さんと仕事ができるなら、ぜひやりたい」と言ってもらえることが多い。「あの人と一緒にやれば何かを学べるのではないか」と思われ、**人が集まりやすい状況**になります。誰もが、有名で優秀な人と仕事をしてみたいと思うからです。そうなると、人集めはかなり楽になります。

これはプロ野球選手の自主トレ風景を思い浮かべていただくと、わかりやすいかもしれません。野球選手は毎年キャンプに入る前、12月から1月にかけて自主練習を行います。ひとりでは甘えが出てしまうため、何人かでやるケースが多いのですが、最近では球団やリーグの違う選手が一緒に自主トレを行う光景もよく見られます。

そんなとき、仮にイチロー選手が「一緒に自主トレをやろう」と誘ったら、誰もが「ぜひ参加したい」と思うでしょう。やはり、有名で優秀な選手が「一緒にやろう」と声をかけてくれたら嬉しいし、人も集まりやすいものです。

逆に言えば、自主トレで、将来有望な若手選手をたくさん引き連れて練習しているベテランの一流選手は、自分が「優秀」であることを周りに示しているようなものです。**組織を横断して人を集められるかどうかが、「優秀」であることのひとつのバロメーターになっている**というわけです。

これと同様に、社内で声をかけて人を集め、プロジェクトを進められるかどうかは、「優秀社員」のバロメーターと言えるでしょう。

4 会社の将来が早めにわかる

優秀な社員は、経営陣と近い距離にあります。なぜなら先述の通り、経営陣が優秀な社員に注目しているからです。

不思議なことに、経営者たちは自分が考えたアイデアやプランが正しいのかどうか、時に不安になることがあります。自分の考えている構想について、周りに意見を聞いて回る人もよくいます。

私もリクルート時代に、社内の経営陣に呼ばれて「来年からネットを使った、個人同士が品物を売買できるようなマッチングサイトを立ち上げようと思うんだけど、どうだろう?」と聞かれたことがあります。あるいは、「うちの会社はこれから海外に進出しようとしているが、最初はアジアか北米のどちらに行こうか実は迷っている。私は中国が伸びると思っているが、君はどう思う?」と意見を求められることもあるでしょう。

このように、**経営陣の口から直接、会社の近い将来についての展望をいち早く聞けたり、それについて意見を求められる**のは、「優秀」だと思われている証拠です。「優秀」と認められた存在であれば、経営陣から今後その会社がどうなるかを予見するようなキーワードを、ちらりと教えてもらえるのです。

そういった話は、経営陣の単なる思いつきのようでいて、実のところは本質です。その情報を得ることで、自分の会社が今後どのように動いていくのかが見えてきます。結果、より経営に近い視点から物事を考えることができるようになる。「こういうときに経営者はリストラをするんだ」といったこともわかってきます。

経営陣側からすれば、優秀な社員に話をすることで、何か建設的で新しいアイデアをもらえるかもしれないという期待も、もちろんあります。しかし、将来の予測や構想を何気なく教えてもらえるのも、「優秀」だからこそほかの社員に情報を漏らすことはないだろうという、経営陣からの信頼あってのこと。いくら「絶対に漏らすなよ」と釘を刺しても、他言してしまう人はいます。「優秀」と評価されるには、口も堅いというのが大前提です。

優秀な人は当然ながら、自分が「優秀」であり、将来社内で幹部になる可能性があることをわかっています。だからこそ、余計なことは他言しないのが鉄則なのです。

優秀社員に課される、役員からの「テスト」とは

若手でも社員として優秀であれば、経営者はその「優秀さ」を垣間見たい、どれくらいできる人物なのか確認しておきたいと思うものです。このため、**役員は「優秀」と思われる人だけを集めて食事会を催したり、意見を聞くための機会を設けることが結構あります。**

私の話ばかりで恐縮ですが、私自身、かつて毎月1回必ず社長と2人きりでの食事会に呼ばれていたことがありました。そのときは毎回、自分から何を話そうかと考えて準備をして臨んでいましたが、実際のところ、それを求められているわけではありませんでした。

社長はなにも私に対して「うちの会社に意見してくれ」とは思っていません。「最近どんな仕事をしているのか？」など、社長なりに聞きたいことがある。それを食事の場で、カジュアルな形で聞いてくるのです。呼ばれたほうとしては、その問いに答えていけば十分です。その答えによって、「私」という人物を見極めることが目的だからです。

また、ある役員に営業先に同行してもらったときのことです。その仕事が終わると、「会社に戻るから、会社の車に一緒に乗っていこう」と言われました。そうなると、車中という密室で、2人でいろいろな話をする時間が提供されるわけです。

ところが、役員とお近づきになれたと安心してはいられません。このときに交わす「最近、仕事はどう？」「競合ってどうなの？」「会社内の雰囲気は？」などといった

質問の一つひとつが、実はいわばテストなのです。それにどうコメントするか、センスが試されている。

役員は、質問の答えからその社員が「優秀かどうか」を見極める能力を備えています。いち社員でありながらも役員と同じ視点で会社を見ているか、ストレス耐性が強いかどうかなど、会社のスタッフとしての将来性をチェックしているのです。

・正答のカギは、視点の高さ

こういった場面において期待されていることは、「視点の高さ」です。役員たちが見ているのは、「どういう視点で仕事をしているのか」ということ。「目の前の仕事を一生懸命やっています。私はお客様が大好きで、お客様に喜ばれることを一生懸命にやっています」という言葉を聞きたいわけではありません。そんな答えでは「まあ、頑張れよ」としか言えません。

役員が求めているのは、「そこから、今後この会社をどうしていきたいのか」という思考です。「お客様の声はとても参考になるので、それをチームにも取り入れて、チーム全体でさらに売り上げを伸ばしていきたいです」といった答えであれば、「社長になるのは無理だとしても、少なくとも部長の視点で仕事をしているな」といった部分を見極めることができる。どういう視点を持って仕事に取り組んでいるのか。それが「優秀な社員」を見極めるポイントとなります。

このような場面での受け答えによって、「また話を聞こう」とくり返し呼ばれる人と、1回呼ばれたきり、二度と呼ばれなくなる人がいます。会社にとって「優秀」な人材か、将来幹部になれる器かどうかが、毎回チェックされ、淘汰されていくのです。

もしあなたが、そういった機会を頻繁につくってもらえているとしたら、それはあなたが社内で「優秀」と思われている証拠でしょう。

このようなチャンスが提供されたら、そこで結果を残すことが重要です。**次があるかないかは、あなたの答え次第です。**一つひとつの問答がテストだと思ってください。そこで「優秀さ」をアピールできるよう、準備しておくことも必要です。

「特典」は、一瞬で失いかねない儚いものである

これまで述べてきた通り、優秀な社員になると、特別な処遇を受けられたり、役員

との会話や会食の機会を与えられたり、やりたい仕事をさせてもらえたりといった、「特典」に与《あずか》ることができます。社内において「優秀」であり、「ぜひ今後も活躍してほしい」という経営陣からの期待の表れとも言えます。

ただ、**そういった「特典」も、場合によっては「優秀」という看板ともども剥奪されてしまう危険性がある**ので要注意です。

絶対にしてはいけないこと。それは、自分が「優秀な社員」として特別な待遇を受けていると、周りにひけらかすことです。

たとえば社長と会食の機会を与えられた場合、当然ながら「これから1対1で社長とご飯に行くんだ」などと周りに言いふらすべきではありません。あらかじめ「ほかの人間に言うなよ」と釘を刺されることもありますが、言ったところで周りからは「なんであいつが」と嫉妬《しっと》されるだけです。

さらに、**「優秀な社員」だけに教えた情報を、一般社員に漏らすこともアウトです。**「昨日も社長と飲んだんだけど、社長が我々に期待していることは、本質的には売り上げをあげることらしいよ」と同僚に漏らしたとします。「え？　皆の前では『お客様が大事』と社長は言ってたじゃないか」と反論する同僚に、「でも実際のところ、昨日一緒に飲んだら、『本当は、売り上げが大事だ』と言ってたよ」などとバラしてしまう。これは最悪です。

「特典」を受けていることをそれとなく明かすことで、「優秀な社員」扱いされていることを周りにアピールしたくなる気持ちはわかります。しかし、それを自分から言うのはいただけません。「私は『優秀な社員』に選ばれました」と自分からアピールしてしまうと、それだけで周りからは「何なんだ?」と思われてしまう。

さらに、そこで得られた情報や特典を自慢げに話しても、素直に「さすがですね」と褒めてくれる人はいません。妬まれるか、あるいはその情報がめぐりめぐって役員の耳に入り、「お前、ほかの人間にしゃべったな」と一瞬で信頼を失うかです。

以前、私にも、かわいがってもらっていた社長がいました。あるとき、その社長に呼ばれて銀座のクラブに行ったところ、ママに紹介され、「彼が来たら、全部僕につけてもらっていいから。彼は僕の重要なパートナーだからよろしくね」と言ってくださったのです。

その後、実際に仕事で何度か使わせていただきました。しかし、そういう「特典」があることを、うっかり同期に話してしまったのです。「〇〇社長のツテがあるから、飲みに行こう」と、軽い気持ちで同期を連れて飲みに行ってしまった。

すると、それが社長の耳に入り、「俺との関係は、今日で終わりだから。もう来ないでくれる？」と言われました。一度の過ちで、それまで築いてきた関係もすべて終わりです。その後は電話にも出てもらえない。携帯も着信拒否です。

誰も「自分の同期に自慢するために『特典』を使ってはいけない」とは教えてくれませんし、契約書にルールとして記されているわけでもありません。ただ、「『優秀な社員』なんだから、使い方もわかっているよね」というわけです。

紹介してくれた社長との仕事につながるような人と、打ち合わせの場として使うなど、正当な目的があればもちろんＯＫです。しかし、別の目的で私が使った時点で、社長からすれば「君を『優秀』と見込んだ僕が間違いだった」と失望させたことになる。「はい、これでおしまい。もう君とは会わないから」となってしまうのです。

そこまで極端なケースはなかなかないかもしれませんが、「優秀な社員」と認定されることで得られる「特典」は、決して永久に保証されるものではなく、一瞬で剥奪されかねないものであることは、おわかりいただけるかと思います。

さらに、**その特権に溺れて自分が「優秀」と認定されていること、「特典」を受けていることを周りに発信してしまうと、そのどちらも失う可能性が高い**です。

「優秀な社員」は、とても貴重な存在です。しかし、一度「優秀」の座から落ちると、また上がることはなかなか難しいものです。だからこそ、**その「特典」に溺れないよう、常に身を引き締めておくべき**と言えます。

重要なのは特典を得ることではなく、得た特典の活かし方

特典を与えられたこと自体に満足してしまったり、その特典に溺れてしまうようでは、先がありません。**重要なのは、優秀であることによって得られた特典を活かして、さらによい仕事をすること**です。

どれほど優秀で多くの特典を与えられていたとしても、それを使わないとどうなる

か？「せっかくあげた特典を、使いこなせないんだ」と思われ、剥奪されてしまいます。

たとえば、会社の経営陣がいろいろな情報を持ってきて、「お前はどう思う？」と意見を求めてきた場合。ただ与えられた情報を得るだけでなく、その情報を活かして、お客様との営業活動の中で会社としてどう取り組むべきかを提案したり、会社の経営陣を営業に同行させるといった新しい取り組みができる可能性があります。あるいは、何か新しいことをしたいとなれば、経営陣に頼んで、会社で決裁を下してもらう。

そういう「特典」が活かせる立場であるにもかかわらず、新規事業を一切せず、目の前の仕事を淡々とやっているようではいけません。そうなると、「君のことは『優秀』だと思っていたけれど、それで得た特典を使いこなせないのなら、『優秀』とは言えないよね」「せっかくの特典が使えないということは、いらないってことでしょ」と、「特典」とともに「優秀」という看板まで剥がされてしまうかもしれません。

「優秀」であることによって得られる特典は、使うことで初めて活きてくるものです。**特典をうまく使うことによって、その人の「優秀」さがさらに光る**というわけです。

もしあなた自身にも、「優秀」ゆえに得た特典があるとしたら、それを活かして自分の「優秀さ」をいっそう高めていくよう、日頃から意識してみてください。

優秀さと出世の早さは、比例しない！

これまで述べた通り、優秀社員になることにはたくさんの利点があります。しかし、**会社の中で「優秀」と思われている人が、必ずしも一番に出世するとは限りません。**なぜなら「優秀」であることと、目の前にある短期的な業績が、いつもリンクしているとは限らないからです。

たとえば、一生懸命に得意先を回って社内でトップクラスの売り上げをあげている営業マンがいたとします。しかし、それだけでは「優秀」とは言われません。会社の今後に役立ちそうな新しい仕事を起案したり、会社にとって初の取り組みとなるような仕事を取ってくるなど、**会社の将来に向けて有用な働きをしてくれる人が、社内では「優秀」と言われる**のです。

しかし、前者のように「単純な仕事だけど、売り上げをあげている人」と、後者のような「難しくても将来的に重要な仕事をやっている人」の2人を並べたとき、前者を低い評価にすると、社員には「売り上げをあげているのに……」と不満が溜まります。だからこそ、目の前の成果をあげた人には、会社側もそれなりの処遇をしなければならなくなります。

すると何が起きるか。「優秀」というよりも、実直にやるべきことをきちんとやり、高い成果をあげている人が、一番に出世することになります。そのため、**「出世の早さ」と「優秀さ」は必ずしもイコールにはならない**のです。

大手生命保険会社のケースで考えてみましょう。営業支社で一番の成績をあげた支社長と、財務主計と今後の金融についてやりとりしている東大卒のＭＯＦ（財務省）担当とでは、どちらが先に偉くなるか。その場面においては、営業支社長です。しかし、最終的に社長になるのは、後者のＭＯＦ担当の人です。

目の前にある雑多な仕事をきちんとこなして成果をあげている人は、仮に「優秀」でなかったとしても、高く評価して一番に出世させないと、やはり会社というものは持ちません。しかし、社長や監督など、最終的に組織のトップに立つためには、「優秀さ」が重要なカードになるのです。

つらい仕事に耐えたのに昇進させてもらえなくても、もうちょっと我慢したほうがいい。優良企業なら、そこにとどまっていれば新たなもっとよい上司を迎えることもあるし、あなたがどこか別の部署に異動して新しい機会にめぐり合える可能性だってある。なにはともあれキャリアを大切にしてほしい。

Welch's word

あなたに「優秀」だという自負があっても、一番に出世しなかったからといって、失望はしないでください。「優秀」であることによって、将来的には自分のやりたい仕事ができたり、最終的にトップに立てたりなど、**「特典」は目の前の出世のほかにもたくさんある**からです。

優秀社員は転職するとどうなるか？
――ジョブホップの落とし穴

ジョブホップとは、ジョブをホップする、つまり職を転々とすること。転職をくり返し、現状よりも高い給料や、今よりもレベルの高い仕事を得るといった、世に言うキャリアアップの手法です。

では、ある会社で「優秀」と言われている人が、ジョブホップをするとどうなるか。**別の会社に転職しても、今まで通り「優秀な社員」と評価されるとは限りません。**なぜなら、会社には会社ごとにルールがあり、これまで培ってきた「優秀さ」が、転職先の会社においては「優秀」に該当しない可能性もあるからです。

また、一般的に会社というのは、若いころからその会社に在籍している「プロパー」を大事にする傾向があります。途中参戦、つまり中途採用された人は、ある意味「外国人部隊」であり、結果がすべてです。**優秀かどうかではなく、「外から来たんだから、結果を出して当たり前」という見方をされがち**です。

このように、ある会社で優秀とされる社員がジョブホップをした場合、「即戦力」

として活用される可能性はありますが、単に「優秀な社員」として重宝がられるとは考えないほうがいいでしょう。

そういう意味でも、もしあなたが今の会社で「優秀な社員」と思われている自覚があるのなら、その状況を十分に有効活用し、その会社の中でさらに上を目指していくこと。それが、あなたにとって一番正しい選択だと思います。

リストラにおける社員の3類型と、優秀社員の生存力

会社の社員として働いている以上、「リストラ」という憂き目に遭う可能性は誰にでもあります。かつてのように、景気が悪くなると一度に大量の社員をリストラするといったことは少なくなりましたが、早期退職優遇制度などを取り入れ、会社側も「健全なる新陳代謝」を進めるようになってきました。

とりわけバブル期に大量に入社した現在40代の社員に対しては、彼らが50歳を迎える前に、人員縮小のために子会社に出向させたり、セカンドキャリア支援プログラム

を使い、独立開業や自立を促して人員を減らしていこうと会社側も考え始めています。

こうしたリストラをするにあたり、会社は社員を3パターンに仕分けします。

1つ目は、「**この機会にぜひ、会社を退職してもらいたい人**」。2つ目は「**絶対に残ってもらいたい優秀な人**」。そして3つ目は「**そのどちらでもない人**」。つまり、残ってくれたらそれなりの仕事はあるが、絶対に残ってくれというほどでもない。そんな「平凡な社員」が、1と2の間にドカンと存在しているのです。

ある会社の中で、40代中盤の人が50人いたとします。「うちの会社としては、この世代は30人いれば十分だ」となったとき、明らかに辞めてもらっても困らない「退職してもらいたい人」を数えたら、10人しかいませんでした。では残り10人をどうするか。辞めてもらってもいいと思える「平凡な社員」の中から、切るしかありません。

こうして、会社として新陳代謝をするべき人数次第では、「退職してもらいたい人」だけでなく、時と場合によっては「平凡な社員」にも退社を促していくケースがあります。

現在、景気は回復傾向にあり、新卒採用者数も増加の一途をたどっています。しかし、この状態が今後20年続くとは誰も思っていません。かつてバブルが崩壊し、そこから戻りかけたと思ったら今度はリーマンショックでまた落ちた。今は再び景気が上向きになっていますが、おそらく２０２０年の東京オリンピックが終了したら、また下がることが予想されます。

そんな浮き沈みの激しい状況において、どんなに会社が苦境に陥り、人を減らさなければならなくなっても、会社から「絶対に残ってもらいたい」と思われている優秀な社員に関しては、会社が囲い込み、守っていくものです。

そういう意味で、**優秀な社員は不況に強く、生き残りやすい存在**と言えます。

CHAPTER 7

あなたは社内で優秀と呼ばれたいか？

耳当たりのよい褒め言葉に囲まれて

優秀になると、褒められる機会が格段に多くなります。もちろん、褒められたり、たたえられることは、人として嬉しいものです。

ただし、時には**たいしたことでなくても「さすがですね！」と言われ、こそばゆい思いをしたり、居心地が悪く感じることもある**でしょう。

たとえば、ある料理人が努力の末に三ツ星シェフになったとします。そこへ、「僕は日本を代表する名シェフのご飯を食べるのを楽しみに来ました」とお客さんがやってきました。しかし、そのお客さんに出した料理が、シェフ的にはイマイチだなと思える出来だった。シェフは恐る恐る「お味はどうですか？」と客に聞きます。すると、「最高でした！　さすがシェフ！　味が全然違いますね」と言われてしまった。

あなたがシェフなら、どう思うでしょう。きっと「勘弁してくださいよ。こんなイマイチな料理で、そんなわけないでしょう」と言いたくなるのではないでしょうか。

私自身、拙著『営業マンは心理学者！』（ＰＨＰ研究所）というビジネス書が10万部以上売れたときに、さまざまな雑誌の取材を受ける機会に恵まれました。私としてみれば、本業が忙しくてインタビューに応じる準備がろくにできていないこともあり、「また今日も同じことを言ってるな」「また適当なことをしゃべってしまった」と自己嫌悪に陥ることもたびたびありました。

しかし、書籍の実績が前提にあるためか、取材が終わると記者の皆さんからは「さすが、素晴らしいことをおっしゃいますね！」「今日一日、本当に勉強になりました」と言われてしまうのです。

そんなときは、素直に「嬉しい」というよりも、やはり「こそばゆい」と感じてしまいます。「こんなにくだらないことを言っているのに、褒め殺しにあっているのではないか？」と疑心暗鬼になってしまうのです。

優秀な人は、褒められたとき、ある種達観する

のです。

「優秀」と認定された人は、周りもよほどのことがない限り、叱ることができないものです。

しかし若手のころ、人に注意されたり、なじられたり、厳しく叱られて育ってきた人は、現実には多くいます。そういった「叱られて育つタイプ」の人たちが、実際に「優秀」と言われる立場になり、褒められることが多くなると、どうしようもない「さみしさ」を感じることもあります。というのも、その叱責を糧《かて》に「いつか認められたい」「ダメ出しをした人間を見返したい」と思う気持ちで仕事を頑張ってきたからです。

それが、いざ優秀になると「お前はダメだ」ではなく「あなたはすごい」と言われるようになる。今まで「ダメだ」と言われて育ってきたがゆえに、突然褒められると、力が湧かなくなってしまう。**褒められて嬉しい反面、叱られてきた過去を顧みたときに、「ここは自分の居場所ではない」と思ってしまう**のです。

「優秀」と世間に認定されたとたんに、それまで「一言多いんだよね」「センスがないんだよ」と言われていたのが「やはり言うことも全然違いますね」「センスの塊ですね」などと掌を返されることがあります。そうなると、当事者としては「ちょっと待ってくださいよ」と言いたくもなります。

おそらく経営者や一流のスポーツ選手は、そのような経験を数多くしているのではないでしょうか。

しかし、心地よい言葉を浴びせられたときにも、「ぬるま湯に浸かっている」と感じるのではなく、**いい意味で、その状態を甘んじて受け入れる**ことが重要です。「俺は優秀なんだ」と調子に乗ることも、謙遜しすぎてＮＧ発言をする必要もなければ、「勘弁してくれ、こんなところにはいたくない」と問題行動を起こして世間から嫌われる必要もありません。「すごいですね」「優秀ですね」「あなたでないと、こういうことは言えませんよね」といった、自分を褒めたたえる耳当たりのいい言葉を聞いたときは、自分自身を戒めながらも、ありがたく享受すればいいのです。

「優秀」であるということは、叱責ではなく褒め言葉を浴びる立場にあるということ。その状態に慣れるしかありません。

チャレンジ権は使いどころを見極めよ

社内で「優秀」と呼ばれるような存在になると、自分が「やりたい」と言ったことをやらせてもらえる可能性が芽生えます。「若手を集めて、新しいことをやってみたい」「異動せず、今の部署に残りたい」となったとき、優秀な社員であれば、これまで積み重ねてきた仕事の成果や名声という貯金によって、**1度や2度くらいは、わがままを聞いてもらえる**でしょう。

会社側も、そのチャレンジ自体がうまくいくかどうかを明確に分析してゴーサインを出しているわけではありません。組織に対して十二分に貢献してきた「優秀さ」があるからこそ、挑戦させてみたいという思いがある。それは「優秀な社員」へのご褒美のようなものです。**問題は、与えられた当人がそのご褒美を使うか、使わないか**です。

本当に自分がやってみたいことや、挑戦したいことがあれば、もちろん行使するべきだと思います。

しかし、「本当はやりたくないけど、言えばやらせてもらえるから、やってしまおうか」という軽いノリで自分のチャレンジ権を主張すると、周りから「あの人はわがままだ」「調子に乗っている」と思われてしまうので要注意です。

私の知り合いにも大企業の社員で「優秀」と言われている人がいますが、彼が軽い気持ちで「やりたい」と言って始めた大々的なプロジェクトに対して、社内では「なんであんなバカなことをやるんだ?」「あんなわがままを許していいのか?」「いったいいくらお金がかかったの?」とブーイングが起きたそうです。

こういったチャレンジは、それなりに成功することを周りからは期待されています。逆に迷惑をかけるものであったりすると、周りからの印象はマイナスになる可能性があります。

いつでもチャレンジできる状態にしておくことは重要です。しかし、必ずしも行使しなければいけないものではない。そこはきちんと見極めないといけません。

いずれにせよ、**優秀な社員にはそういったチャレンジの機会があることを、知っておいて損はない**と思います。

あらためて、「優秀さ」とは「ローカルな優秀さ」に過ぎない

これまでにもたびたび指摘してきましたが、社内で「優秀な社員」を目指すことで、結果的に転職市場で自分の価値が高くなるとは限りません。もし転職を考えるのであれば、**「社内の評価」と「市場価値」が必ずしもイコールではない**ことを、あらためて理解しておく必要があります。

たとえば、会社の上司に認められたり、社内会議で気の利いた発言ができることは、その会社においての能力であって、違う会社に移った場合、その能力は通用しない可能性があります。

つまり「優秀な社員」は、その社内のローカルルールを前提にした戦いにおいては有利であっても、グローバルなルールや世間の基準において「優秀」と言えるわけではないということ。「野球は得意だけれどサッカーは苦手」というのと同じで、普遍的に通用する知識や技術を持っているわけではないのです。

ベンチャーからグローバルな大企業へと急成長した某会社に、転職した人がいました。彼はリクルートの元営業マネジャーで、人を集めて売り上げをあげることで「優秀」と言われていた人でした。

しかし、転職先の会社がグローバル化する中で、社内公用語が英語になり、グローバルな視点で話ができる人が「優秀」と呼ばれるようになると、彼のように、ドメスティックで英語が苦手、かつ、非常にローカライズされた観点で話す人は、「優秀」の枠から外されてしまいます。本人としては「おかしいな？　俺、前職では『優秀』と言われていたのに、この会社では社長から全然声がかからないぞ？」となるわけです。そういうことが、実際に起きているのです。

そういう意味では、「社内で『優秀』と言われる存在になることで市場価値も高めて、転職して別の会社で年収を上げたい」といった願いは、叶わないかもしれません。

各自の持っている「優秀さ」の源は、多くの場合、「社内の仕事をスムーズに進めるために必要な能力」であって、それ以上でもそれ以下でもありません。会社が変わると通用しなくなることを、理解しておいたほうがいいでしょう。

周りが自分に課す期待を考える

「優秀な社員」というのは、要するに「仕事ができる存在」であり、回を追うごとに「さらに高いレベル」を期待されるものです。その期待値のバーはすこしずつ上がっていき、「優秀な社員」は常にそれに応え続けることが求められます。

ベストセラー作家や、ヒット曲を出し続けているアーティストを思い浮かべてみてください。売り上げランキングやオリコンで常に1位を取っているとしても、彼らは決して同じ作品を出し続けているわけではありません。次にまた1位を取るには、前回とまったく同じではダメで、作品に進化や変化が必要となるはずです。

これと同様に、「優秀な社員」であり続けるためには、すこしずつ進化や変化が必要だと思うのです。

では、どのような進化や変化が求められているのか。自分自身で気づいて取り入れていくのも大事ですが、それと同時に、**周りを意識して「社内の人たちは自分にどう**

いうことを期待しているのだろう?」と考えてみるといいでしょう。

たとえば営業職であれば、「高い売り上げをあげる」「新しい仕事を取ってくる」といった基本的なことはもとより、「優秀な社員」であればそれ以外の「サプライズ」を周りからは期待されているものです。その期待に応えようと常に努力すること、また、その努力自体を楽しいと思える人が、「優秀な社員」であり続けられるのだと思います。

逆に、**周りの期待がプレッシャーになってしまう人にとっては、「優秀」であり続けること自体、かなりしんどいことになるかもしれません。**そういう意味では、「サプライズ」を提供するのが好きな人は向いていますが、現状維持派の人は向いていないと言えるでしょう。

「いらぬ注目」という優秀社員の代償

「優秀な社員」であり続けることは、周りから常に注目されることを意味します。

芸能人が街を歩いていて「週刊誌に写真を撮られた」とか「買い物をしているとき

に声をかけられた」「行動をツイッターで拡散された」となったとき、「有名人には自由な時間もないんですか?」と主張する人がいます。そう言われて、皆さんは思いませんか? **「注目されたいから有名人になったんでしょ?」**と。

「有名税」という言葉があるように、有名人になるということは、有名であるがゆえに、その知名度と引き換えに問題や代償が生じる可能性があることを意味します。プライベートでも大衆の注目が集まり、プライバシーが侵害され、時と場合によっては、それゆえに嫌な思いをすることもあるでしょう。それも含めて有名人の「仕事」であると思うのです。

同様に、「優秀な社員」は社内において注目度の高い存在です。あくまで「社内限定」で知られている存在であり、街を歩いて社外の人から声をかけられることはまずないでしょうが、ひとたび会社に戻れば、受付の人があなたのことを知っていて、声をかけられるかもしれません。トイレに入ったり、自販機でコーヒーを買ったり、休憩所でタバコを吸っている間にも、誰かから見られている可能性があります。当然ながら、日常の行動や立ち居振る舞いもチェックされているかもしれない。そして、そのあらゆる場面において、「優秀な人」というイメージが付いて回るのです。

だからこそ、たとえ休日のプライベートな空間であっても、そこが会社主催のバーベキュー大会など社員の集まる場だとしたら、**「優秀さ」を裏切るような服装や発言は慎んだほうがいい**でしょう。

あなたは「ローカルスター」になりたいか？

実は**会社側にも、社内有名人、つまりローカルスターをつくりたいという思惑があります**。もちろん、全員がスターだと大変ですし、それはそれで難しいですが、かといって普通の人しかいないよりも、1人や2人スターがいたほうが、会社としても面白い。そのため、意図的に社内で「優秀」と呼ばれる人をつくっていく傾向があります。

あるオーナー経営者の社長は、社内で優秀な人にフォーカスを当て、「こいつはすごく『優秀』だぞ」と社内でプロデュースしているといいます。注目する社員は社長の「マイブーム」で決まります。そのブームが終わると、また次の社員へと注目が移る。

その波に自分が乗っかっていきたいか、いきたくないか。もし「優秀」ゆえに注目されることが心地よくないと思うのであれば、「社内有名人」に祭り上げられそうになったときに、そこに上がらないようにすることも重要です。

というのも、一度「社内有名人」になり、なんらかの事情でその座から降りると、今まで一挙手一投足が注目され、ちやほやされていた人が、「古い人」「過去の人」と見なされ、誰からも声がかからなくなるからです。これはさみしいことです。芸能人でいうと、売れっ子だった人が、街を歩いていて見向きもされなくなる。あるいは声をかけられても、「名前、何だっけ?」と言われるようになるのと同じです。

一度「有名人」になってから、その称号を剥奪され、さみしい思いをするのであれば、最初から名も知られないほうがいいと思う人もいるでしょう。

優秀な社員は「ローカル芸能人」みたいなものです。そう考えたときに、自分はなりたいか、なりたくないか。要は、**「自分は常に見られている」という状態が「気持ちいい」と思えるか、「居心地が悪いな」と思うかどうか**です。

注目をやりがいと捉えられる人は、「優秀な社員」としての適正があると言えるかもしれません。

それでも、「優秀社員」を目指してみよう

今回、本書を著すにあたり、世の中で「優秀」と呼ばれている社員にたくさん会って話を聞いてきました。そこでひとつ気づいたことがあります。**世の中には、「優秀な社員」を目指していたわけではないのに、結果として社内で「優秀」と呼ばれている人が意外にも多い**ということです。

それは、努力の賜物《たまもの》というよりも、その人の持っている天性によるところが大きいようです。もともと知的好奇心が強く、新しいことを取り入れて挑戦していく意識が高い人などが、これにあたります。

その一方で、当然ながら戦略的な努力によって「優秀な社員」と呼ばれている人もたくさん見てきました。

リーダーは生まれつきか、つくられるものか？答えは両方だ。エネルギーにあふれ、周囲に活力を与える、情熱を持つ人を採用する。そして、決断力と実行力を育成する研修をきっちり行う。常に念頭に置いてほしいのは、誰もがリーダーになれるとは限らない点だ。

Welch's word

ウェルチ氏のこの言葉を顧みると、「リーダー」を「優秀な社員」に置き換えてみても、同じことが言えるかもしれません。

いずれにせよ、「**優秀な社員」と呼ばれることは、社会人のキャリアとしてプラスであることに間違いありません**。そう考えると、「優秀な社員」になるために戦略的に努力することも、アリではないかと思うのです。

もちろん、これまでに述べてきたように、「優秀な社員」と呼ばれるようになると、「特典」や「ご褒美」を得られる反面、心地悪さを感じる場面もあります。人によっては、こうしたマイナス面を見て「優秀じゃなくてもいい」「これだったら自分に向いてないな」と思うかもしれません。

よく「経営者は孤独だ」といいます。経営者になることによって、解放される部分と孤独な部分が生じるからです。これと同じで、物事は表裏一体、良いこともあれば悪いこともあります。

「優秀な社員」を目指して、得られるものもあれば、逆にマイナスに作用するものもある。それでも、「優秀」を目指さなければ見えてこない景色というものは必ずあるでしょう。

あなたも、「優秀な社員」を目指してみてはいかがでしょうか。

おわりに

リクルート社に入社して間もない時期、先輩社員から「こいつは優秀ですよ」と社外の方に紹介されたことがありました。場所は青山。総合商社の本社応接で、営業担当を引き継ぐことになったときのことです。

本来であれば「とんでもないです」と謙遜すべきところでしょうが、そのころの私は「光栄です」と自画自賛の態度を示してしまいました。先輩も取引先も苦笑い。振り返ると恥ずかしい対応でした。ただ、私はそれだけ「優秀」との言葉が嬉しかったのだと思います（帰社後に先輩からは叱られました）。

ところで先輩は、私のどのあたりを「優秀」と評してくれたのでしょう？

当時の私は営業部門で成績がトップクラス。その成績のバックボーンとなっていた訪問社数や行動量の多さは社内でも有名でした。先輩はこれゆえに「優秀」と評してくれたに違いないと、私は思い込んでいました。

ところが、真実は違っていました。件の先輩と飲み会でご一緒した機会に、「優秀と評してくださった理由を教えてくだささい」と尋ねたところ、

「こまめに〝報連相〟ができるから、そう言ったんだよ」

と、教えてくれたのです。

報連相とはもちろん「報告」「連絡」「相談」のこと。もともとは、1980年代に山種証券の社長（当時）が社内キャンペーンで活用したマネジメントワードが広まったものです。任された仕事の経過報告を行い、指示やアドバイスを受けることなどを指し、若手社員が効率的に成果をあげる手法として、長く活用されてきました。

ただ、私が若手社員だった当時はメールもネットもない時代です。したがって、電話するか、直接会うかしなければ報連相ができません。直属の上司なら、お互いに距離も近くそれも容易でしょうが、別部署となると「先輩がつかまらない」と面倒になってしまうことが大半。件の先輩も、別の部署でオフィスも離れていました。

それでも、当時の私は頻繁に訪ねて経過報告をしたものです。「聞いていないよ」と他人から指摘されるのが嫌だったので徹底したのだと思いますが、先輩が「優秀」と評してくれたのは、営業上の訪問社数の多さなどではなく、より基本的な、私のそんな行動についてだったのです。

嬉しい話ですが、私に報連相が得意な自覚はありませんでしたので、驚きました。自分で思う「優秀さ」と他人から見た「優秀さ」の基準は違うのだと実感しましたし、その後、「優秀さ」の特性、会社のローカルルールや時代による違いを考えるきっかけにもなりました。

優秀と評されることで仕事はやりやすくなります。私がよく口にする言葉ですが、「仕事の報酬で仕事」が舞い込むようになります。本書が、この好循環をつくりあげて、読者の皆さまが心地よいビジネスライフを過ごしていただく一助になることを、心から願っております。

最後に本書の出版に対して多大なるご支援をいただいた、高間裕子様、日本経済新聞出版社の堀川みどり様に深く御礼申し上げます。

2015年6月

髙城幸司

【著者プロフィール】

髙城幸司（Koji Takagi）

経営コンサルタント。セレブレイン代表取締役。1964年東京生まれ。86年同志社大学卒業後、リクルートに入社。6年間連続トップセールスに輝き、伝説の営業マンとして社内外から注目される。その手法をまとめた著書『営業マンは心理学者！』（PHP研究所）は、10万部を超えるベストセラーになった。起業・独立の情報誌「アントレ」を創刊して編集長を務めたのち、2005年独立。現在は、人事コンサルティング会社セレブレインをはじめ2つの会社を経営する。著書に『仕事の9割は世間話』『無茶振りの技術』（日本経済新聞出版社)、『社内政治の教科書』（ダイヤモンド社）など多数。

入社5年目から差がつく
「優秀社員」の法則

2015年7月15日　1版　1刷

著　者――――――　髙城幸司

発行者――――――　斎藤修一
発行所――――――　日本経済新聞出版社
http://www.nikkeibook.com/
東京都千代田区大手町1-3-7　〒100-8066
電話（03）3270-0251（代）

印刷・製本 ――― 中央精版印刷
編集協力 ――――― 高間裕子（Captain & Me Inc）
校正――――――― ディクション
ブックデザイン―― 松好那名（matt's work）

ISBN978-4-532-32016-4